CHRISTIAN**HENZE**

Ich koch' einfach!

CHRISTIAN HENZE

Ich koch' einfach!

Lieblingsrezepte mit regionalen Produkten

südwest

Inhalt

Inhalt

Einfach genießen — 6
Die Welt des Christian Henze entdecken. Sein oberstes Gebot: Genuss. Seine Zutaten: Qualität aus der Region. Sein Rezept: Mit Liebe kochen.

Vorspeisen & kleine Gerichte — 12
Herzhafte und feine Köstlichkeiten aus regionalen Zutaten für den kleinen Hunger oder als kerniger Imbiss. Von irre gut bis einfach göttlich.

Suppen & Eintöpfe — 34
Bodenständiges aus großen Töpfen, sättigend und verführend zugleich. Landestypisches aus deutschen Küchen, raffiniert gewürzt.

Fleisch aus Topf & Pfanne — 52
Wiederentdeckt und geschmackvoll in Szene gesetzt: Klassiker von Rouladen bis Braten wecken beste Erinnerungen an alte Zeiten.

Vegetarisch & mit Fisch — 82
Heimische Wälder, Wiesen und Gewässer füllen die Speisekammer von Frühling bis Winter. Für vertraute Leckerbissen aller Art.

Desserts & Kuchen — 102
Wenn süß, dann sündhaft gut. Mit Sahne, Früchten, Teig und Schokolade. Einem Traum gleich. Und mit einem Gefühl des Nachhausekommens.

Rezeptregister — 126
Über dieses Buch — 128

Einfach genießen

Christian Henze kocht und lebt mit großer Leidenschaft. Er setzt auf einen unkomplizierten Kochstil und verwendet regionale Produkte, an die er höchste Qualitätsansprüche stellt. Alles mit dem einen Ziel: Genuss und Geborgenheit beim Essen zu spüren. Kommen Sie mit in seine Welt, und kochen Sie seine Rezepte nach!

Vorwort

Liebe Leserinnen, liebe Leser,

glauben Sie mir, einem Italiener beispielsweise würde es nie in den Sinn kommen, die Kochkunst eines anderen Landes mehr zu loben als die des eigenen. Italiener sind stolz auf die eigene Küche! Völlig zu Recht, wie ich finde. Und sie würden niemals in Vergessenheit geraten lassen, wie man etwas zubereitet, das schon die Eltern und Großeltern gekocht haben.

In Deutschland hingegen sah es über viele Jahre ganz anders aus. Man bekam in den Restaurants und auch zu Hause alles Mögliche zu essen, nur die deutsche Küche fand sich unter ferner liefen. Von wegen Rindsrouladen oder saftiger Braten – ich muss gestehen, ich war einigermaßen entsetzt, als mir bewusst wurde, dass sich viele Deutsche ihrer regionalen Klassiker beinahe schämten. Jeder wollte lieber immer nur italienisch, asiatisch oder mexikanisch kochen, essen und essen gehen, und da durfte man sich nicht wundern, dass am Ende kaum noch jemand eine Nordseescholle braten oder das rheinische Himmel und Erde zubereiten konnte. Über viele Generationen gaben die Mütter die Familienrezepte an ihre Töchter weiter, und damit war plötzlich Schluss. Glücklicherweise hat sich das Bild seit ein paar Jahren gewandelt, und die urdeutschen Leckerbissen werden wieder gefeiert. Die regionale Küche ist wieder da. Und zwar nicht nur zu Hause, sondern auch in den gehobenen Restaurants.

Mit Herz und Leidenschaft

Wer mich kennt, weiß, wie begeisterungsfähig ich bin. Ich freue mich sehr über diese Eigenschaft und lerne immer noch gerne dazu. Wenn Profiköche mit richtig viel Kochgefühl etwa Hand an einen Sauerbraten legen, kommt ganz sicher etwas Besonderes heraus. Damit keine Missverständnisse aufkommen: Ein Sauerbraten muss natürlich immer ein Sauerbraten bleiben, man muss ihn sofort wiedererkennen können. Aber warum sollte er nicht noch ein bisschen raffinierter sein? Über Genuss habe ich mir schon immer gern ausgiebig und lange Gedanken gemacht. Gedanken über Genuss sind ein Thema, das Sie auch in meiner regelmäßigen MDR-Sendung »iss was?!« mitverfolgen können. Denn ich fände es schade, wenn die deutsche Regionalküche, die so hochwertig, abwechslungsreich und markant ist wie kaum eine andere Küche auf der Welt, ausgerechnet im eigenen Land langsam ihre Bedeutung verlieren würde.

Wenn Sie sich die Rezepte dieses Buchs ansehen, werden Sie auf viele alte Bekannte treffen. Das meiste davon werden Sie wahrscheinlich nur vom Namen her kennen. Und Sie werden außerdem feststellen, dass alle Gerichte ganz leicht zuzubereiten sind. Niemand muss ein Sternekoch sein, um sich selbst, die Familie oder Freunde zu verwöhnen. Die deutsche Küche ist etwas für jeden, der mit Vergnügen kocht und genießt, und ich möchte Sie ermuntern: Legen Sie los! Kochen Sie mit Herz und Leidenschaft und vielleicht mit einem Gläschen Wein in der Hand. Und Sie werden sehen, es macht richtig Spaß.

Lokaltypisches genießen

Kulinarischer Genuss im Spitzenbereich ist eine gute Sache, aber für mich muss es das nicht jeden Tag sein. Im Gegenteil, die schlichten und bodenständigen Genüsse reißen mich oft mehr vom Hocker als alles, was nach stundenlanger Handarbeit und mit perfektem Styling auf teuren Tellern angerichtet wird. Was ich damit meine, zeigt die folgende Geschichte: Unlängst war ich zu Gast in einem Restaurant, das für seine ehrliche und bodenständige Küche bekannt ist. Ich fuhr also nach Vorankündigung mit meiner Frau

Spaß am Kochen hat Christian Henze schon von Kindesbeinen an.

Christian Henze als TV-Koch

Im Rahmen der MDR-Sendung »Hier ab vier« kocht Christian Henze wöchentlich im eigenen Format »iss' was?!«. Die drei Moderatoren berichten:

» Mit Christian Henze zu kochen ist die pure Freude. Die größte Freude kommt aber nach der Sendung, dann darf ich Christians Gaumenfreuden nämlich verputzen (aufessen). Mein Ehrenwort: bislang hat alles super geschmeckt!« *Andreas Fritsch*

» Wer schon einmal Christians Saucen gekostet hat, will nie wieder etwas anderes zum Sonntagsbraten. Aber die größte Versuchung für mich sind die Desserts von Christian Henze.« *Katrin Huß*

» Es gibt zwei Menschen, die meine kulinarischen Gefühle entscheidend beeinflusst haben: Bei meiner Mutter habe ich die Küche meiner Heimat richtig schätzen gelernt. Christian Henze hat mir beigebracht, wie man traditionelle Gerichte auch modern und einfach kochen kann.«
Peter Imhof

Vorwort

hin, und wir waren voller Vorfreude auf knusprigen Entenbraten mit Rotkraut und Knödeln. Als wir das Restaurant betraten, fiel uns sofort auf, dass alle Tische richtig schön ländlich rustikal gedeckt waren. Bis auf einen: Mit aufwendig gefalteten Servietten, blitzenden Kerzenständern und teurem Blumenschmuck wirkte er fast wie ein Fremdkörper. Was ich augenblicklich befürchtete, wurde auch sogleich bestätigt: Das war der Tisch für meine Frau und mich. Als ich dann auch noch hörte, dass der Chef des Hauses schon seit dem frühen Morgen am Herd stand, um extra für uns etwas Besonderes zu zaubern, war ich enttäuscht. Keine Frage, es hat uns dann gut geschmeckt, doch wie gern hätte ich ein lokaltypisches Handwerksstück auf dem Teller gehabt!

Glücklich und zufrieden

Oft reicht schon eine Bratwurst mit Senf, um mich glücklich zu machen. Nur die Qualität muss absolut stimmen, da kenne ich auch in meiner Küche kein Pardon. Selbstverständlich lasse ich mir hin und wieder auch eine perfekt gebratene Gänseleber oder ein roh mariniertes Stück Thunfisch schmecken, ein bisschen Luxus darf ab und zu schon sein. Aber Genuss besteht für mich auch darin, große Freude an den vermeintlich kleinen Dingen zu entdecken, die uns jeden Tag begegnen. Ich gebe allerdings zu, dass ich in meinem manchmal etwas hektischen Leben dazu nicht immer die Muße habe. Ich bin ständig unterwegs, heute Abend noch in Frankfurt oder meiner bayerischen Heimat, und am andern Morgen in der Frühe in Leipzig schon wieder vor der Kamera. Ich liebe dieses aktive Leben, ständig präsent zu sein, und in mir steckt eine immerwährende Dynamik, die mich zu Hochleistungen antreibt und mir trotzdem nur wenig Schlaf abverlangt. In meinem Beruf komme ich mit vielen Menschen zusammen. Menschen, finde ich, sind das Spannendste, was es überhaupt gibt. Wenn ich jemanden zum ersten Mal treffe, frage ich mich oft, was ich von ihm wohl lernen werde, und schon hat die Beziehung das gewisse Etwas. Umgekehrt macht es mir ebenso Spaß, Menschen zu unterhalten, sei es im persönlichen Kontakt oder auch durchs Fernsehen. Und wenn ich dann dafür auch noch Lob und Applaus bekomme, bin ich mehr als zufrieden. Aber am besten fühle ich mich zu Hause, wo ich geboren und aufgewachsen bin, und wenn ich meine Frau und meine beiden Kinder um mich habe.

Jetzt bleibt mir nur noch eins zu sagen: Kochen Sie einfach mal! Wird schon klappen. Ich wünsche Ihnen viel Spaß mit meinen Rezepten aus der deutschen Regionalküche.

Herzlichst
Ihr Christian Henze

Vorspeisen & kleine Gerichte

Wenn es in fröhlicher Runde zünftig und locker zugehen soll oder ein kerniger Imbiss schon alle Wünsche erfüllt, haben kleine Gerichte ihren großen Auftritt. Dann erweisen sich krosse Backhähnchenbrust, Graubrotecken mit Speck oder saure Zipfel im Essigsud als ungekünstelte Charakterdarsteller, die einen Extra-Applaus verdient haben.

Rote-Bete-Taler mit Matjessalat

Für 4 Personen

Rote-Bete-Taler
2 mittelgroße Rote Bete
Zucker
Salz
¼ TL Kümmel
2 Eier
3 EL Mehl
8 EL Blaumohn
2 EL Butter

Matjessalat
500 g Matjesfilets
1 Apfel
100 g Schalotten
2 kleine Gewürzgurken
100 g Joghurt
100 g Sauerrahm
1 EL Dill, gehackt
Salz
schwarzer Pfeffer aus der Mühle

1. Rote Bete waschen. In kochendes Wasser mit etwas Zucker, Salz und Kümmel geben, die Hitze reduzieren und die Knollen etwa 20 Minuten köcheln lassen. Durch Einstechen prüfen, ob sie gar sind. Abgießen, auskühlen lassen und schälen (dabei am besten Küchenhandschuhe anziehen). Rote Bete in 1 Zentimeter dicke Scheiben schneiden.

2. Eier verschlagen. Rote-Bete-Scheiben zuerst in Mehl wenden, dann durch das Ei ziehen und zuletzt in Mohn wälzen.

3. Butter in einer Pfanne erhitzen und die Taler darin von beiden Seiten jeweils 5 Minuten braten. Auf Küchenkrepp entfetten und mit etwas Salz bestreuen.

4. In der Zwischenzeit Matjesfilets etwas wässern. Abtropfen lassen und in 2 Zentimeter große Stücke schneiden.

5. Apfel schälen, teilen und das Kerngehäuse entfernen. Schalotten abziehen. Apfel, Schalotten und Gurken fein würfeln. Alles mit Joghurt, Sauerrahm und Dill verrühren. Mit Salz und Pfeffer würzen.

6. Matjes mit dem Apfeldressing mischen. Matjessalat mit den Rote-Bete-Talern auf Tellern anrichten.

Vorspeisen & kleine Gerichte

Backhähnchenbrust mit meiner Remoulade

1 Für die Remoulade Eier hart kochen, abkühlen lassen, pellen und hacken. Schalotten abziehen und würfeln, Essiggurken ebenfalls würfeln. Kapern und Sardellen klein schneiden. Rauke waschen, trockenschwenken und hacken.

2 Mayonnaise mit Crème fraîche glatt rühren. Eier, Schalotten, Gurken, Kapern, Sardellen und Rauke zugeben und alles gut vermengen. Die Remoulade mit Salz und Pfeffer würzen.

3 Hähnchenbrüste mit Salz, Pfeffer und Paprikapulver würzen. Eier leicht verschlagen. Fleisch mit Mehl bestäuben, durch die Eier ziehen und zuletzt mit Semmelbröseln und Mandeln panieren.

4 Öl in einer hochwandigen Pfanne auf etwa 170 °C erhitzen und die Hähnchenbrüste darin 8 Minuten backen. Herausnehmen, abtropfen lassen und auf Küchenkrepp entfetten.

5 Remoulade abschmecken. Zum Servieren die Hähnchenbrüste aufschneiden, auf Teller geben und mit einem guten Klecks Remoulade garnieren.

Für 4 Personen

Remoulade
2 Eier
2 Schalotten
2 kleine Essiggurken
1 TL Kapern
2 Sardellenfilets
½ Bund Rauke (Rucola)
3 EL Mayonnaise
3 EL Crème fraîche
Salz
schwarzer Pfeffer aus der Mühle

Backhähnchen
4 kleine Hähnchenbrüste à 140 g
Salz
schwarzer Pfeffer aus der Mühle
edelsüßes Paprikapulver
2 Eier
100 g Mehl
100 g Semmelbrösel
100 g geriebene Mandeln

Außerdem
½ l Öl zum Ausbacken

Marinierte **Tafelspitzsülze** mit altem Bergkäse

Für 4 Personen

Sülze
500 g Tafelspitz
100 g Möhren
100 g Knollensellerie
½ Stange Lauch
2 Lorbeerblätter
2 Gewürznelken
2 Wacholderbeeren
200 g Bergkäse
20 Blatt Gelatine
5 EL Obstessig
Salz, schwarzer Pfeffer

Vinaigrette
4 EL Obstessig
1 EL Meerrettich, frisch gerieben oder aus dem Glas
Salz
schwarzer Pfeffer aus der Mühle
Zucker
8 EL Rapskernöl
½ Bund Schnittlauch, in Röllchen geschnitten

Außerdem
kleine Salatblätter zum Garnieren
4 bis 8 Förmchen (je nach Größe)

1 Fleisch kalt abspülen. Gemüse waschen und schälen bzw. putzen. Möhren und Sellerie würfeln. Lauch klein schneiden.

2 Fleisch mit Gemüse und Lorbeer, Nelken und Wacholderbeeren in 2 Liter kaltes Wasser geben, erhitzen und etwa 1 ½ Stunden leise köcheln lassen. Wiederholt den aufsteigenden Schaum abschöpfen.

3 Fleisch herausnehmen und erkalten lassen. Brühe durch ein Sieb gießen. Fleisch würfeln. Käse würfeln. Fleisch- und Käsewürfel in kleine Förmchen (Timbale) oder Tassen füllen.

4 Gelatine in etwas kaltem Wasser 5 Minuten einweichen und gut ausdrücken. Brühe auf ½ Liter einkochen. Mit Essig, Salz und Pfeffer würzen. Gelatine in der noch heißen Brühe auflösen.

5 Die mit Gelatine versetzte Brühe in die Förmchen gießen und diese kurz durchrütteln, so dass ein glatter Spiegel entsteht. Für 1 bis 2 Stunden in den Kühlschrank stellen und erstarren lassen.

6 Für die Vinaigrette Essig, Meerrettich, etwas Salz, Pfeffer und Zucker verrühren. Öl unter Rühren langsam einlaufen lassen. Schnittlauchröllchen dazugeben.

7 Förmchen kurz in heißes Wasser tauchen und den Inhalt auf Teller stürzen. Mit Vinaigrette umgießen und mit Blättern garnieren.

Beilage Dazu passen Bratkartoffeln oder ein gemischter Salat.

Vorspeisen & kleine Gerichte

Vorspeisen & kleine Gerichte

Hauchdünner **Flammkuchen** mit Speck

1. Für den Teig Butter in Stücke schneiden und mit Mehl feinbröselig zerreiben. Salz und 100 Milliliter Wasser dazugeben. Alles zu einem glatten Teig verarbeiten. Teig in Folie wickeln und für 2 Stunden kühl stellen.

2. Während der Teig ruht, für den Belag Zwiebeln und Knoblauch abziehen und in Scheiben schneiden. Butter erhitzen und Zwiebeln und Knoblauch kurz darin anschwitzen. Majoran zufügen. Schinken in Streifen schneiden.

3. Backofen auf höchster Stufe (mindestens 250 °C, am besten 300 °C) vorheizen. Teig in vier gleich große Stücke teilen und jedes mit einem Nudelholz dünn ausrollen. Ein Backblech gut mit Butter einfetten und mit Mehl bestreuen oder mit Backpapier auslegen. Die Teigfladen nebeneinander darauf legen.

4. Crème fraîche und Sauerrahm mischen und auf die Teigstücke streichen. Zwiebelmischung und Schinken obenauf gleichmäßig verteilen. Flammkuchen auf der untersten Schiene im Backofen ca. 10 Minuten backen.

5. Den Flammkuchen aus dem Backofen nehmen. Wenn verfügbar, auf rustikale Holzbretter verteilen und heiß servieren.

Für 4 Personen

Teig
100 g kalte Butter
250 g Mehl
½ TL Salz

Belag
200 g Zwiebeln
2 Knoblauchzehen
1 EL Butter
¼ TL Majoran
150 g roher Schinken
100 g Crème fraîche
100 g Sauerrahm

Außerdem
Butter und Mehl für das Backblech oder Backpapier

Rehfilet mit Maronen und Preiselbeerdip

Für 4 Personen

Rehfilet
500 g Rehrücken, küchenfertig
1 Zweig Rosmarin
3 Wacholderbeeren
Salz
schwarzer Pfeffer aus der Mühle
1 EL Butter

Maronen
400 g Maronen (Esskastanien), vorgegart und in Vakuum verpackt (eigene Zubereitung siehe Tipp Seite 67)
1 EL Butter
1 EL Zucker
150 ml Rotwein

Preiselbeerdip
100 g Crème fraîche
80 g Joghurt
2 EL Preiselbeerkonfitüre
Salz
schwarzer Pfeffer aus der Mühle

1. Fleisch küchenfertig vorbereiten, d.h. Sehnen, Fett und Häute entfernen, sofern dies nicht schon der Metzger gemacht hat.

2. Rosmarinnadeln abstreifen und fein hacken. Wacholderbeeren zerdrücken. Rosmarin und Wacholder mit etwas Salz und Pfeffer mischen. Das Fleisch damit würzen. Backofen auf 80 °C vorheizen.

3. Butter in einer Pfanne erhitzen und das Fleisch darin rundum sanft anbraten. Das Fleisch auf einen Teller geben, auf den Rost in den Backofen stellen und 30 Minuten nachgaren lassen.

4. Maronen im Bratfett der Pfanne mit einem zusätzlichen Esslöffel Butter anbraten. Zucker einrühren und die Maronen unter Rühren karamellisieren lassen. Mit Wein ablöschen und einkochen lassen.

5. Für den Preiselbeerdip Crème fraîche, Joghurt und Konfitüre miteinander verrühren und mit Salz und Pfeffer würzen.

6. Rehrücken aufschneiden. Mit Maronen auf Teller verteilen und und mit dem Preiselbeerdip servieren.

Beilage Mit frischen Blattsalaten und Baguette wird das Rehfilet zu einem Hauptgericht.

Vorspeisen & kleine Gerichte

Vorspeisen & kleine Gerichte

Graubrotecken mit Speck und Käse überbacken

Für 4 Personen
1 Zwiebel
2 Knoblauchzehen
150 g geräucherter Bauchspeck
1 EL Butter
2 Scheiben Graubrot
100 g Käse (z.B. Gouda, Appenzeller, Bergkäse)
2 EL Paniermehl
1 EL weiche Butter
1–2 EL gemischte gehackte Kräuter (z.B. Petersilie, Schnittlauch, Majoran, Liebstöckel, Pimpinelle)
Salz
schwarzer Pfeffer aus der Mühle

1 Zwiebel und Knoblauch abziehen und würfeln. Speck würfeln. Butter erhitzen und alle drei Zutaten darin kräftig anschwitzen.

2 Brot entweder toasten oder in der Pfanne in etwas Butter anbraten. Das Brot vierteln. Zwiebel-Speck-Masse auf die Brotstücke geben.

3 Käse grob reiben. Käse, Paniermehl, Butter und Kräuter vermengen, salzen und pfeffern. Käsemasse auf die Brotecken streichen.

4 Backofen auf Grillstufe vorheizen. Brotecken unter dem Grill gratinieren, bis die Oberseite goldgelb wird.

Mein Tipp Dies ist ein deftiger Bissen, der an einem geselligen Abend zum Bier passt. Nach meiner Erfahrung gibt es in solchen Situationen immer jemanden, der noch eine zweite Portion möchte – eine kleine Reserve kann also nicht schaden. Die warmen Graubrotecken bieten sich auch als Hauptmahlzeit an, dann sollten die Zutatenmengen mindestens verdoppelt werden. Damit auch dann noch alle Portionen nebeneinander unter den Grill passen, einfach die Brotscheiben etwas dicker schneiden!

Saure Zipfel im Essig-Gewürz-Sud

1. Zwiebeln abziehen und in Streifen schneiden. Möhren waschen, schälen und in Streifen schneiden.

2. Essig, Wein und ½ Liter Wasser mit Lorbeerblättern, Wacholderbeeren, Pfefferkörnern und Nelken einmal kurz aufkochen und 15 Minuten köcheln lassen. Mit Zucker und Salz würzen.

3. Würste in den heißen, aber nicht kochenden Sud einlegen und 10 Minuten ziehen lassen. Den Sud abschmecken. Würste mit etwas Sud und Gemüse in tiefe Teller geben.

Beilage Dazu schmeckt kräftiges Bauernbrot und frisch gezapftes Bier.

Mein Tipp Eine kleine Hilfe wie ich finde, aber immerhin: Bratwürste vor dem Servieren klein schneiden, dann lassen sie sich leichter mit einem Löffel oder einer Gabel vom Teller nehmen. Denn eine Hand sollte frei sein für Brot und Bier.

Für 4 Personen

3 mittelgroße Zwiebeln
100 g Möhren
100 ml Obstessig
¼ l Weißwein
2 Lorbeerblätter
3 Wacholderbeeren
1 TL Pfefferkörner
2 Nelken
2 EL Zucker
Salz
8 rohe oder gekochte Schweinebratwürste (kurz vor der Zubereitung Zimmertemperatur annehmen lassen)

Vorspeisen & kleine Gerichte

Mini-Knödel mit cremigen Pilzen

1. Brötchen in 1 ½ Zentimeter große Würfel schneiden. Milch erhitzen und darüber gießen. Zwiebel und Speck würfeln. Butter erhitzen und Zwiebel und Speck darin anschwitzen. Alles zusammen mit Eiern und Petersilie vermischen und mit Salz und Pfeffer würzen.

2. Mit nassen Händen aus dem Teig golfballgroße Knödel formen. Salzwasser knapp zum Sieden bringen und Knödel darin 10 Minuten ziehen lassen.

3. Inzwischen für die Sauce Pilze von Schmutzpartikeln befreien. Knoblauch abziehen. Pilze, Zwiebel und Knoblauch würfeln.

4. Butter erhitzen und Pilze, Zwiebel und Knoblauch darin kräftig anschwitzen. Mit Weißwein ablöschen und einkochen lassen. Sahne dazugeben und einkochen lassen. Mit Zitronensaft, Salz und Pfeffer würzen.

5. Knödel abtropfen lassen, auf vorgewärmte tiefe Teller verteilen und Pilze dazugeben. Mit Petersilie bestreuen.

Mein Tipp Meine Knödel sind typische süddeutsche Semmelknödel und gelingen selbst Knödel-Anfängern. Für eine Vorspeise oder einen Imbiss haben sie im Miniformat gerade die richtige Größe. Die Knödel sind gar, wenn sie an die Oberfläche steigen.

Für 4 Personen

Knödel
5 altbackene Brötchen
100 ml Milch
½ Zwiebel, abgezogen
80 g geräucherter Bauchspeck
1 EL Butter
2 Eier
1 EL Blattpetersilie, gehackt
Salz
schwarzer Pfeffer aus der Mühle

Sauce
300 g gemischte Pilze
1 Knoblauchzehe
½ Zwiebel, abgezogen
1 EL Butter
100 ml Weißwein
200 g Sahne
Saft von ½ Zitrone
Salz
schwarzer Pfeffer aus der Mühle

Außerdem
Petersilie zum Garnieren

Kartoffelkäse mit Schnittlauch und Tomaten

Für 4 Personen

Kartoffelmasse
500 g mehligkochende Kartoffeln
100 g Frischkäse
100 g Sauerrahm
80 g Zwiebeln
1 EL Butter
1 Knoblauchzehe
1 Messerspitze gemahlener Kümmel
Salz
schwarzer Pfeffer aus der Mühle

Brot
2 große Scheiben frisches Bauernbrot
etwas Butter

Außerdem
5 Kirschtomaten
Schnittlauchröllchen und -spitzen zum Garnieren

1 Kartoffeln in der Schale in wenig Wasser gar kochen. Noch heiß pellen und ausdampfen lassen. Durch eine Kartoffelpresse drücken oder fein stampfen. Frischkäse und Sauerrahm einrühren.

2 Zwiebeln abziehen und würfeln. Butter erhitzen und die Zwiebeln darin anschwitzen. Knoblauch abziehen, durch eine Knoblauchpresse drücken und mit dem Kümmel zu den Zwiebeln geben.

3 Kartoffelpüree und Zwiebelmischung miteinander verrühren und mit Salz und Pfeffer kräftig würzen.

4 Brot toasten. Scheiben halbieren und Butter aufstreichen. Mit der Kartoffelmischung bedecken.

5 Tomaten waschen, in dünne Scheiben schneiden und auf die Brote legen. Mit Schnittlauch garnieren.

Mein Tipp Dieses Gericht lässt sich auf vielfältige Weise variieren. Letztlich kommt es nur darauf an, dass die Kartoffelmischung wie Käse auf Toast serviert wird. So kann man ihr knusprig gebratene Schinkenwürfel, fein gehackte Blattpetersilie oder etwas klein geschnittenen Räucherlachs und auch kleine gekochte Garnelen (dann am besten ohne Kümmel) zufügen.

Vorspeisen & kleine Gerichte

Vorspeisen & kleine Gerichte

Fischpflanzerl mit Senf und Rauke

1. Für die Pflanzerl (Frikadellen) Fischfilet nach Bedarf von Gräten befreien und in feine Würfel schneiden.

2. Zwiebeln abziehen und fein würfeln. Möhren waschen und schälen. Lauch waschen und putzen. Gemüse klein schneiden. Öl erhitzen und darin das Gemüse anschwitzen. Erkalten lassen.

3. Fischwürfel und Gemüse mit Semmelbröseln und beiden Senfsorten vermischen. Mit Salz und Pfeffer würzen.

4. Kleine Pflanzerl formen und in Butter in derselben Pfanne braten, in der vorher das Gemüse gegart wurde.

5. Für den Salat Rauke waschen und trockenschleudern. Für das Dressing Essig, Sauerrahm, Zucker und Salz verrühren und das Öl unter Rühren einlaufen lassen. Rauke mit dem Dressing mischen.

6. Vor dem Servieren den Raukesalat noch einmal abschmecken. Fischpflanzerl mit dem Raukesalat servieren.

Beilage Dazu passt Weißbrot oder knusprig geröstetes Graubrot.

Für 4 Personen

Fischpflanzerl
300 g Fischfilet (z.B. Zander, Lachs, Forelle, Hecht)
50 g Zwiebeln
50 g Möhren
50 g Lauch
1 EL Rapsöl
100 g Semmelbrösel
1 EL süßer Senf
1 EL scharfer Senf
Salz
schwarzer Pfeffer aus der Mühle
2 EL Butter

Raukesalat
1 Bund Rauke (Rucola)
3 EL Weißweinessig
3 EL Sauerrahm
Zucker
Salz
3 EL Rapsöl

Feldsalat mit Speckdressing und Möhrenküchlein

Für 4 Personen

200 g Feldsalat

Speckdressing

2 Schalotten
1 EL Butter
150 g Frühstücksspeck
150 ml Möhrensaft
(frisch oder aus dem Glas)
2 EL Crème fraîche
Salz
schwarzer Pfeffer aus der Mühle
½ TL Zucker
5 EL Obstessig

Möhrenküchlein

300 g Möhren
2 Schalotten
1 Ei
2 EL Mehl
Salz
schwarzer Pfeffer aus der Mühle
Zucker
Cayennepfeffer
Rapsöl zum Ausbacken

1. Feldsalat in einer großen Schüssel mit kaltem Wasser gut waschen, abtropfen lassen, sauber zupfen und trockenschleudern.

2. Für das Dressing Schalotten abziehen und längs vierteln. Butter erhitzen und Schalotten und Speck darin anschwitzen. Möhrensaft und Crème fraîche dazugeben und alles gut verrühren. Mit Salz, Pfeffer, Zucker und Essig würzen. Einmal aufkochen und abschmecken.

3. Für die Möhrenküchlein Möhren waschen, schälen und fein raspeln. Nach Bedarf ausdrücken.

4. Schalotten abziehen und würfeln. Mit Möhrenraspeln, Ei und Mehl zu einem Teig vermischen. Dabei mit Salz, Pfeffer, Zucker und Cayennepfeffer pikant würzen.

5. Aus dem Teig kleine Küchlein formen. Öl erhitzen und die Möhrenküchlein darin 5 Minuten ausbacken.

6. Feldsalat mit den Küchlein auf Teller verteilen und das Möhren-Speck-Dressing auf den Salat geben.

Vorspeisen & kleine Gerichte

Vorspeisen & kleine Gerichte

Lauwarmer Pilz-Bohnen-Salat mit Bärlauchmousse

1. Für die Mousse Bärlauch waschen und hacken. Frischkäse, Joghurt und Sahne mit Bärlauch verrühren. Mit Salz, Pfeffer und Zucker würzen. Mit einem Mixstab pürieren, bis die Mousse gleichmäßig grün ist. Entweder in eine kleine Form streichen oder in Gläser füllen und fest werden lassen.

2. Für den Salat Pilze putzen (siehe Tipp Seite 58) und die größeren teilen. Zwiebel abziehen und würfeln. Öl erhitzen und Pilze und Zwiebel darin kräftig anbraten. Mit Wein und Essig ablöschen. Etwas einkochen. Mit Salz, Pfeffer und Zucker würzen.

3. Bohnen putzen und der Länge nach halbieren. Für 6 Minuten in kochendes, gut gesalzenes Wasser geben, herausnehmen und kalt abschrecken. Bohnen mit den Pilzen mischen. Abschmecken.

4. Lauwarmen Salat auf Teller verteilen. Von der Mousse aus der Form mit einem Löffel Nocken abstechen und neben den Salat setzen oder die Mousse in Gläser im Ganzen dazu servieren.

Beilage Dazu passen die knusprigen Brotchips von Seite 38.

Für 4 Personen

Bärlauchmousse
1 Bund Bärlauch
200 g Frischkäse
100 g Joghurt
100 g Sahne
Salz
schwarzer Pfeffer aus der Mühle
Zucker

Pilz-Bohnen-Salat
500 g frische Pilze (z.B. Pfifferlinge)
1 kleine Zwiebel
2 EL Rapsöl
50 ml Weißwein
5 EL Weißweinessig
Salz
schwarzer Pfeffer aus der Mühle
Zucker
400 g Prinzessbohnen

Suppen & Eintöpfe

Linseneintopf, Kartoffelsuppe oder Rinderbrühe mit Brätknödeln stehen im regionalen Köchelverzeichnis von Christian Henze an oberster Stelle. So bodenständig die heiß und in tiefen Tellern servierten Wonnen auch sein mögen, eine fein dosierte Würze hebt ihren ganz natürlichen Charme hervor. Holen wir die Kessel vom Feuer!

Suppen & Eintöpfe

Schaumige **Kartoffelsuppe** mit Bergkäse und Steinpilzen

Für 4 Personen

200 g mehligkochende Kartoffeln
1 ½ EL Butter
400 ml Gemüsebrühe
200 g Sahne
200 g Steinpilze (ersatzweise andere Wildpilze)
2 Schalotten
1 Knoblauchzehe
150 g Bergkäse
Salz
schwarzer Pfeffer aus der Mühle

Außerdem
4 Zweige Thymian zum Garnieren

1. Kartoffeln schälen, kochen und ausdampfen lassen. Durch eine Kartoffelpresse drücken oder mit einem Stampfer zerdrücken. Den Kartoffelstampf in einem Topf mit 1 Esslöffel Butter glatt rühren.

2. Brühe mit der Sahne erwärmen und zu den Kartoffeln geben. Alles miteinander verrühren und erhitzen.

3. Pilze trocken putzen und in Scheiben schneiden, einige Pilzstücke zum Garnieren zur Seite legen. Schalotten und Knoblauch abziehen und würfeln. Die restliche Butter erhitzen und Pilze, Schalotten und Knoblauch darin kurz anbraten.

4. Käse würfeln und mit Pilzen in die Suppe geben. Kurz köcheln lassen. Suppe fein aufmixen. Mit Salz und Pfeffer würzen.

5. Suppe in vorgewärmte Teller verteilen und mit den beiseite gelegten Pilzstückchen verzieren. Als Dekoration Thymianzweige in die Mitte legen.

Dicke Bohnen mit Speck

1 Zwiebel abziehen und würfeln. Speck würfeln. Schmalz erhitzen und Zwiebel und Speck darin anbraten.

2 Bohnen zufügen und Brühe angießen. 20 Minuten köcheln lassen. Bohnenkraut und Sahne in die Suppe geben.

3 Würste in Scheiben schneiden (etwas zum Garnieren zurückhalten) und ebenfalls der Suppe zufügen. 5 Minuten köcheln lassen. Bohnenkraut entfernen. Mit Salz und Pfeffer würzen.

4 Suppe in vorgewärmte Teller verteilen und mit den restlichen Wurststückchen garnieren.

Mein Tipp Ich finde es sehr schade, dass der Anbau von dicken Bohnen in Europa immer weiter zurückgeht, denn für mich sind sie eine sommerliche Delikatesse. Von Juni bis September sollte man auf jeden Fall das frische Angebot wahrnehmen – für Tiefkühlware ist außerhalb der Saison noch genug Zeit. Wer ganze Schoten kauft – aus denen man die Bohnen übrigens ganz leicht und schnell selbst palen kann –, sollte wegen des hohen Abfallanteils die doppelte Menge nehmen, also für 500 Gramm Bohnenkerne 1 Kilogramm Schoten.

Für 4 Personen

1 Zwiebel
100 g geräucherter Bauchspeck
2 EL Schweineschmalz
500 g frische dicke (grüne) Bohnenkerne (ersatzweise TK-Bohnen)
800 ml kräftige Brühe
1 Zweig Bohnenkraut
100 g Sahne
4 geräucherte Mettwürstchen
Salz
schwarzer Pfeffer aus der Mühle

Meine **Spargelcremesuppe** mit Brotchips

Für 4 Personen

250 g weißer Spargel
Salz
1 TL Zucker
1 Scheibe von 1 unbehandelten Orange
1 Scheibe von 1 unbehandelten Zitrone
3 Lauchzwiebeln
30 g Butter
1 EL Mehl
100 g Sahne, gut gekühlt
100 g Crème fraîche

Brotchips

¼ Vollkornbaguette (ersatzweise Vollkornbrot)
Öl zum Braten
Salz
schwarzer Pfeffer aus der Mühle

Außerdem

Mandelstifte, fettfrei geröstet

1. Spargel waschen und holzige Enden abschneiden. Die Spitzen auf 3 Zentimeter Länge abschneiden. Stangen schälen und in kleine Stücke schneiden.

2. 600 Milliliter Wasser mit Salz, Zucker und den Zitrusscheiben aufkochen. Spargelspitzen darin bei geringer Hitze in etwa 8 Minuten bissfest kochen. Den entstandenen Fond durch ein Sieb gießen. Spargelspitzen beiseite legen. Zitrusscheiben wegwerfen.

3. Lauchzwiebeln waschen, putzen, das Grün wegschneiden und etwas für die Garnitur beiseite legen. Das Weiße in Ringe schneiden. Butter erhitzen und die Lauchzwiebelringe mit den rohen Spargelstücken darin farblos andünsten. Mehl darüber stäuben und mit einem Kochlöffel rühren, bis eine Mehlschwitze entstanden ist. Suppenfond zufügen und rühren, bis sich die Mehlschwitze vollständig aufgelöst hat. 10 bis 15 Minuten köcheln lassen, dabei gelegentlich rühren.

4. Inzwischen für die Brotchips Baguette in dünne Scheiben schneiden. Das Öl in einer Pfanne erhitzen und die Brotscheiben darin knusprig rösten, salzen und pfeffern.

5. Suppe pürieren. Sahne steif schlagen. Sahne und Crème fraîche in die Suppe rühren. Suppe nochmals erwärmen, nicht kochen! Mit Salz würzen. Spargelspitzen und Mandeln in die Suppe geben. Alles noch einmal abschmecken und in vorgewärmte Tassen verteilen. Mit etwas Lauchgrün garnieren und mit den Brotchips servieren.

Suppen & Eintöpfe

Suppen & Eintöpfe

Feine **Sauerampfersuppe** mit Crème fraîche und Lachs

1. Brühe leicht erwärmen und griffbereit stehen lassen. Schalotten abziehen und würfeln.

2. Butter in einem Topf erhitzen und die Schalotten darin anschwitzen. Mehl dazugeben und mit einem Schneebesen rühren, bis eine Mehlschwitze entstanden ist.

3. Die Mehlschwitze mit Weißwein ablöschen und weiterrühren, bis sie glatt ist. Brühe und Crème fraîche dazugeben und einrühren. Die Suppengrundlage 10 Minuten leise köcheln lassen.

4. Sauerampfer waschen, trockenschleudern (ein paar Blättchen für die Garnitur zurücklegen) und in den Topf geben. Die Suppe mit einem Pürierstab mixen. Mit Zitronensaft, Salz und Pfeffer würzen.

5. Lachs in Streifen schneiden und in vorgewärmte Teller verteilen. Die heiße Suppe darüber gießen. Mit den beiseite gelegten Sauerampferblättchen garnieren.

Für 4 Personen

600 ml Brühe
2 Schalotten
1 EL Butter
1 EL Mehl
100 ml Weißwein
200 g Crème fraîche
100 g Sauerampfer (ersatzweise andere Kräuter, z.B. Basilikum oder Rauke)
Zitronensaft
Salz
schwarzer Pfeffer aus der Mühle
150 g frisches Lachsfilet ohne Haut

Kräftige **Rinderbrühe** mit Brätknödel

Für 4 Personen

Rinderbrühe
1 Zwiebel
100 g Möhren
100 g Knollensellerie
100 g Lauch
Salz
5 Markknochen
800 g Suppenfleisch (z.B. Ochsenbrust)
2 Lorbeerblätter
3 Gewürznelken
3 Wacholderbeeren
1 TL schwarze Pfefferkörner
schwarzer Pfeffer aus der Mühle

Knödel
500 g Kalbsbrät
2 Eier, 5 EL Mehl
1 EL feines Paniermehl
2 Messerspitzen abgeriebene Schale von 1 unbehandelten Zitrone
1 EL Blattpetersilie, gehackt
Salz, schwarzer Pfeffer

Außerdem
½ Bund Schnittlauch, geschnitten

1 Zwiebel mit Schale halbieren und beide Hälften in einer Pfanne auf der Schnittseite ohne Öl sehr stark bräunen.

2 Möhren waschen und schälen. Sellerie schälen und putzen. Lauch waschen und putzen. Das Gemüse klein schneiden.

3 Salzwasser aufkochen. Knochen für 1 Minute in das kochende Salzwasser geben, wieder herausheben und kalt abspülen.

4 Gebräunte Zwiebelhälften, Gemüse, Knochen und Suppenfleisch in 3 Liter kaltes Wasser geben. Lorbeerblätter, Nelken, Wacholderbeeren und Pfefferkörner zufügen. 3 Stunden köcheln lassen.

5 Brühe abseihen, salzen und pfeffern. (Fleisch z.B. für Rindfleischsalat verwenden oder mit Meerrettichsauce zubereiten.)

6 Für die Knödel Kalbsbrät, Eier, Mehl, Paniermehl, Zitronenschale und Petersilie kräftig miteinander mischen. Mit Salz und Pfeffer würzen. Mit zwei Esslöffeln Knödel abstechen und in reichlich fast siedendem Salzwasser 10 bis 15 Minuten ziehen lassen.

7 Suppe in vorgewärmte Teller verteilen, Knödel hineinsetzen und mit Schnittlauchröllchen vollenden.

Mein Tipp Backerbsen zufügen: Teig aus Mehl, Eiern, Milch und Salz rühren und durch eine Reibe in heißes Fett tropfen lassen. Dabei entstehen erbsengroße Kügelchen, die dieser Spezialität den Namen gaben.

Suppen & Eintöpfe

Suppen & Eintöpfe

Süß-saurer Linseneintopf mit geräucherter Bratwurst

Für 4 Personen

50 g Linsen
80 g geräucherter Bauchspeck
80 g Zwiebeln
2 EL Öl
800 ml kräftige Brühe
80 g Möhren
80 g Knollensellerie
80 g Lauch
100 g Kartoffeln
200 g geräucherte Bratwurst
ca. 5 EL Obstessig
2 EL Blattpetersilie, gehackt
Salz
schwarzer Pfeffer aus der Mühle
Zucker

1. Linsen verlesen, in einen Topf mit reichlich kaltem Wasser geben und 2 Stunden einweichen.

2. Speck würfeln. Zwiebeln abziehen und ebenfalls würfeln. In einem Suppentopf 1 Esslöffel Öl erhitzen und Zwiebeln und Speck darin braun anbraten. Linsen abgießen. Linsen und Brühe zu den Speck-Zwiebeln geben. 15 Minuten köcheln lassen.

3. In der Zwischenzeit Möhren waschen und schälen. Sellerie schälen und putzen. Lauch waschen und putzen. Kartoffeln schälen. Gemüse und Kartoffeln würfeln bzw. klein schneiden.

4. Gemüse und Kartoffeln zu den Linsen geben und für weitere 15 Minuten mitköcheln lassen.

5. Wurst in Scheiben schneiden. Restliches Öl erhitzen und die Wurstscheiben darin anbraten. Zur Suppe geben und diese aufkochen lassen.

6. Essig und Petersilie (etwas zum Garnieren zurückhalten) einrühren. Mit Salz, Pfeffer und Zucker abschmecken.

7. Suppe in vorgewärmte Teller verteilen und mit der zurückgehaltenen Petersilie garnieren.

Christians **Kürbissuppe** mit Maronen und Aprikosen

1. Kürbisfleisch in gleichmäßig kleine Würfel schneiden. Maronen vierteln. Aprikosen vierteln.

2. 1 Esslöffel Butter erhitzen und Kürbis, Maronen und Aprikosen darin mit dem Zucker anschwitzen. Mit Wermut ablöschen. Brühe dazugeben und alles 10 Minuten köcheln lassen.

3. Mit Cayennepfeffer, Zimt- und Currypulver, Salz und Pfeffer würzen. Restliche Butter dazugeben. Die Suppe pürieren und abschmecken. In vorgewärmte tiefe Teller verteilen und heiß servieren.

Beilage Dazu passen kleine ofenwarme Brötchen mit Kräuterbutter.

Mein Tipp Hokkaidokürbis hat einen besonderen Vorteil: Er muss nicht geschält werden. Wer kein passendes Teilstück von 300 Gramm bekommt, sondern ein halbes, vielleicht sogar ein ganzes Exemplar kaufen muss, kann die Zubereitungsmenge verdoppeln, weil die Suppe auch nach einem oder zwei Tagen noch sehr gut schmeckt. Übrigens: Kürbisfleisch bietet sich zum Beispiel auch für einen gesunden Rohkostsalat an.

Für 4 Personen

300 g Hokkaidokürbis
100 g Maronen (Esskastanien), vorgegart und in Vakuum verpackt (eigene Zubereitung siehe Tipp Seite 67)
100 g Soft-Aprikosen
3 EL Butter
½ EL Zucker
100 ml Wermut
600 ml Brühe
1 Messerspitze Cayennepfeffer
1 Messerspitze Zimtpulver
¼ TL Currypulver
Salz
schwarzer Pfeffer aus der Mühle

Feine **Hühnersuppe** mit Dill und Sauerrahm

Für 4 Personen

1 großes frisches Suppenhuhn oder 1 Poularde (möglichst in Bioqualität)
2 Lorbeerblätter
2 Nelken
2 Wacholderbeeren
1 EL schwarze Pfefferkörner
200 g Kartoffeln
80 g Möhren
80 g Schwarzwurzeln
80 g Knollensellerie
3 Gewürzgurken
100 ml Gewürzgurkenfond
100 g Sauerrahm
4 EL Dill, gehackt (ca. 1 Bund)

Außerdem
Dillspitzen zum Garnieren

1. Huhn unter kaltem Wasser waschen, vierteln und in einen hohen Suppentopf geben. Mit 2 Litern Wasser bedecken.

2. Lorbeerblätter, Nelken, Wacholderbeeren und Pfefferkörner zufügen. Das Huhn aufkochen und 2 Stunden leise köcheln lassen.

3. Kartoffeln, Möhren und Schwarzwurzeln waschen und schälen. Sellerie schälen und putzen. Alles würfeln bzw. klein schneiden.

4. Gemüse und Kartoffeln in den Topf geben und für 30 Minuten mit dem Huhn köcheln lassen.

5. Huhn herausnehmen und die Haut abziehen. Fleisch von den Knochen lösen. Fleisch zurück in die Suppe geben.

6. Gurken fein würfeln. Gurken, Gurkenfond, Sauerrahm und Dill in die Suppe rühren. Suppe erneut erwärmen (nicht aufkochen) und abschmecken.

7. Brühe mit etwas Fleischeinlage in vorgewärmte Teller verteilen. Mit Dillspitzen garnieren.

Suppen & Eintöpfe

Suppen & Eintöpfe

Schaumsuppe vom schwarzen Rettich

1. Rettich waschen, schälen und würfeln. Zwiebel und Knoblauch abziehen und würfeln.

2. Butter erhitzen und Zwiebel und Knoblauch darin anschwitzen. Mehl dazugeben und mit einem Schneebesen rühren, bis eine Mehlschwitze entstanden ist. Mit Wein ablöschen und weiterrühren, bis die Mehlschwitze ganz glatt ist. Brühe und Sahne zugeben und mit Salz und Pfeffer würzen. 5 Minuten köcheln lassen.

3. Käse würfeln. Käse, Rettich und Zitronensaft zur Suppe geben und gut unterrühren. 5 Minuten köcheln lassen.

4. In der Zwischenzeit Öl erhitzen und das Kalbsbries darin 5 bis 8 Minuten kräftig anbraten. Salzen und pfeffern. Zum Entfetten auf Küchenkrepp legen.

5. Die Suppe aufmixen und abschmecken. In vorgewärmte Teller verteilen und das Bries in die Mitte setzen. Mit etwas Kerbel garnieren.

Für 4 Personen

Suppe
250 g schwarzer Rettich
1 Zwiebel
1 Knoblauchzehe
1 EL Butter
1 EL Mehl
100 ml Weißwein
400 ml kräftige Brühe
300 g Sahne
Salz
schwarzer Pfeffer aus der Mühle
100 g Bergkäse
Saft von ½ Zitrone

Bries
5 EL Keimöl
300 g Kalbsbries
Salz
schwarzer Pfeffer aus der Mühle

Außerdem
Kerbel zum Garnieren

Cremige Räucherforellensuppe mit Meerrettich

Für 4 Personen
2 geräucherte Forellen
à 250 g (mit Kopf)
½ Fenchelknolle
2 Schalotten
1 EL Butter
2 Lorbeerblätter
1 EL Mehl
200 ml Weißwein
400 ml Fischfond
200 g Sahne
4 EL Crème frâiche
Salz
Pfeffer aus der Mühle
2 Messerspitzen Cayennepfeffer
2 EL Sahnemeerrettich (Glas)

Außerdem
Dillspitzen zum Garnieren

1. Forellen filetieren, Filets behutsam von der Haut ablösen und eventuell vorhandene Gräten aus dem Fischfleisch ziehen. Fenchel waschen, putzen und würfeln. Schalotten abziehen und fein würfeln.

2. Butter erhitzen und Kopf, Haut und Gräten darin mit Fenchel, Schalotten und Lorbeerblättern anschwitzen. Mehl einrühren, bis es glatt gerührt ist. Mit Weißwein ablöschen. Mit Fischfond auffüllen.

3. Sahne und Crème fraîche zufügen und 10 Minuten sanft köcheln. Die Suppe durch ein Sieb passieren. Mit Salz, Pfeffer, Cayennepfeffer und Meerrettich pikant würzen.

4. Backofen auf 80 °C vorheizen und die Fischfilets zum Aufwärmen hineingeben.

5. Suppe noch einmal abschmecken und auf vorgewärmte tiefe Teller verteilen. Fischfilets behutsam auf bzw. in die heiße Suppe legen. Mit Dillspitzen garnieren.

Beilage Dazu passen die knusprigen Brotchips von Seite 38.

Mein Tipp So einfach und schnell lässt sich Fischfond herstellen: Ca. 250 Gramm helles Wurzelgemüse putzen, klein würfeln. Mit 300 Gramm Abschnitten und Gräten von weißfleischigen Fischen, 1 Teelöffel hellen Senfkörnern, 2 Lorbeerblättern, 200 Millilitern Weißwein und 1,2 Litern Wasser in einen Topf geben. Kurz aufkochen und bei milder Hitze offen 30 Minuten schwach kochen. Anschließend abseihen und etwas salzen.

Gulaschsuppe mit Kalbfleisch und Sauerrahm

1 Kalbfleisch in kleine Würfel schneiden oder durch die grobe Scheibe eines Fleischwolfs drehen.

2 Schalotten und Knoblauch abziehen. Petersilienwurzeln waschen und schälen, Paprikaschoten waschen und putzen. Lauch waschen und putzen. Alles fein würfeln bzw. klein schneiden.

3 Öl in einem großen Topf erhitzen und das Fleisch darin kräftig anbraten. Gemüse dazugeben und kurz mitbraten.

4 Gewürze und Tomatenmark dazugeben und ebenfalls mit anbraten. Mit Weinen und Brühe ablöschen und mit Sahne auffüllen. Die Suppe etwa 1 Stunde köcheln lassen. Mit Salz und Pfeffer würzen.

5 Sauerrahm glatt rühren. Suppe auf vorgewärmte tiefe Teller oder in vorgewärmte Löwenkopftassen verteilen und einen Klecks Sauerrahm jeweils in die Mitte setzen.

Beilage Dazu passt frisches oder geröstetes Weißbrot.

Mein Tipp Reste der Suppe lassen sich am folgenden Tag, etwas eingekocht und gebunden als Sauce, zu Salzkartoffeln servieren.

Für 4–8 Personen

600 g Kalbfleisch (Keule oder Wade)
300 g Schalotten
3 Knoblauchzehen
200 g Petersilienwurzeln
200 g rote Paprikaschoten
100 g Lauch
3 EL Kernöl
etwas abgeriebene Schale von 1 unbehandelten Zitrone
½ TL gerebelter Majoran
¼ TL Kümmel
1 TL edelsüßes Paprikapulver
1 EL Tomatenmark
200 ml Weißwein
200 ml weißer oder roter Portwein
800 ml kräftige Brühe (nach Geschmack)
200 g Sahne
Salz
schwarzer Pfeffer aus der Mühle
200 g Sauerrahm

Fleisch aus Topf & Pfanne

Lang verkannte Klassiker wie Kohlrouladen, Sauerbraten oder knusprig gebackener Schweinebauch haben dank ihrer unvergleichlich kraftvollen Aromen inzwischen in den kulinarischen Adelsstand zurückgefunden. Und wenn einer wie Christian Henze dann noch ein wenig an den Rezepturen herumtüftelt, darf man sich auf fürstliche Genüsse freuen.

Kohlrouladen mit Topinamburpüree

Für 4 Personen

Kohlrouladen
1 ganzer, nicht zu kleiner Weißkohlkopf
Salz
1 Zwiebel
80 geräucherter Bauchspeck
3 EL Öl
100 g Semmelbrösel
1 Ei
400 g gemischtes Hackfleisch
2 EL Blattpetersilie, gehackt
½ TL gerebelter Majoran
2 Messerspitzen abgeriebene Schale von 1 unbehandelten Zitrone
Salz
schwarzer Pfeffer aus der Mühle
1 EL Tomatenmark
½ l Fleischbrühe
300 g Sauerrahm

1 Kohlblätter im Ganzen behutsam ablösen und in einen großen Topf etwa 3 Minuten in kochendes Salzwasser legen. Herausnehmen und unter kaltem Wasser abschrecken. Die dicken Mittelrippen flach schneiden. Blätter trockentupfen.

2 Zwiebel abziehen. Speck und Zwiebel würfeln. 1 Esslöffel Öl in einem Bräter erhitzen und Speck und Zwiebel darin anbraten. Zur Seite ziehen und erkalten lassen. Den Backofen auf 180 °C vorheizen.

3 Speck-Zwiebel-Mischung mit Semmelbröseln, Ei, Hackfleisch, Petersilie, Majoran und Zitronenschale vermengen. Mit Salz und Pfeffer würzen.

4 Kohlblätter flach ausbreiten. Jeweils 1 bis 2 Esslöffel der Hackfleischmischung länglich in der Mitte verteilen. Blätter rechts und links einschlagen, aufrollen und mit Küchengarn zusammenbinden.

5 Das restliche Öl im Bräter erhitzen und die Kohlrouladen darin von allen Seiten kräftig anbraten. Tomatenmark zufügen und kurz mitschmoren. Brühe angießen und aufkochen lassen. Den Bräter ohne Deckel für etwa 1 Stunde in den Backofen schieben.

6 In der Zwischenzeit für das Topinamburpüree Sahne und Milch erhitzen. Die Topinamburknollen schälen, putzen und in Salzwasser ganz weich kochen. Abgießen, kurz abdämpfen lassen und durch eine Kartoffelpresse drücken. Mit 1 Esslöffel Butter glatt rühren, anschließend Sahne und Milch einrühren. Mit Salz würzen.

7 Für die Brösel Butter erhitzen, die Semmelbrösel einrühren und unter ständigem Rühren leicht braun werden lassen.

8 Kohlrouladen aus dem Bräter nehmen und warm stellen. Die Sauce einkochen lassen, Sauerrahm mit einem Schneebesen einrühren und abschmecken. Die Rouladen auf Teller verteilen. Brösel über das Püree löffeln. Kohlrouladen mit Sauce und Püree servieren.

Mein Tipp Je nach Größe des Kohlkopfs rechnet man damit, dass man pro Person ein bis zwei Kohlrouladen aus einem Kohlkopf zubereiten kann, denn man braucht große Blätter. Wenn der Kohlkopf sehr fest und knackig ist, lassen sich die Blätter nicht leicht ablösen, ohne dass sie durchreißen. Alternativ kann man ihn auch im Ganzen in kochendes Salzwasser legen. Nach 5 Minuten hole ich ihn wieder heraus, und dann lassen sich die Blätter bequem ablösen.

Mein Tipp Das Hackfleisch für die Füllung kann nach persönlichen Vorlieben ausgewählt werden – deshalb habe ich in der Zutatenliste auch keine präzisen Angaben gemacht. Die Kombination Rind, Kalb und Schweinemett mag ich besonders gern. Man kann auch Lammfleisch verwenden. Allerdings ist die normale Lammhackqualität meist sehr fetthaltig, und deshalb sollte man seinen Metzger bitten, etwas von dem sehr viel magereren Lammgulasch durchzudrehen.

Topinamburpüree
100 g Sahne
100 ml Milch
500 g Topinambur (ersatzweise mehligkochende Kartoffeln)
Salz
1 EL Butter

Brösel
2 EL Butter
2 EL Semmelbrösel

Außerdem
Küchengarn
(ersatzweise Nähgarn)

Fleisch aus Topf & Pfanne

Landhähnchenbrust mit süß-saurem Gemüse

1. Möhren und Kohlrabi waschen und schälen. Staudensellerie und Zucchini waschen und putzen. Alles in Streifen schneiden. Öl erhitzen und die Gemüsestreifen darin kurz und scharf anbraten.

2. Tomaten kurz in kochendes Wasser geben, herausnehmen und die Haut abziehen. Tomaten würfeln und mit Essig, Zucker, Salz, Pfeffer und Kräutern zum Gemüse geben. Köcheln lassen.

3. In der Zwischenzeit die Brühe erhitzen. Hähnchenbrüste mit Salz und Pfeffer würzen, in die Brühe legen und etwa 15 Minuten langsam ziehen lassen. Die Flüssigkeit darf nicht kochen, sondern sollte knapp unter dem Siedepunkt liegen.

4. Die Brüste aus der Brühe nehmen, schräg aufschneiden und auf dem Gemüse anrichten.

5. Für den Dip alle Zutaten miteinander verrühren. Hähnchenbrüste, Gemüse und Dip auf Tellern anrichten.

Beilage Dazu passt ein knusprig überbackenes Kartoffelgratin.

Mein Tipp Hähnchenbrust wird inzwischen zwar überall massenhaft preisgünstig angeboten, aber Bioware hat ein viel besseres Aroma und verdient meiner Meinung nach mehr Vertrauen. Sie ist etwas teurer, doch wenn es mir dann auch besser schmeckt, hat sich die Ausgabe wirklich gelohnt. Tomaten muss man übrigens nicht um jeden Preis abziehen, die bodenständige Regionalküche ist da nicht so zimperlich.

Für 4 Personen

Hähnchenbrüste
100 g Möhren
100 g Kohlrabi
100 g Staudensellerie
100 g Zucchini
4 EL Keimöl
2 Tomaten
6 EL Obstessig
1 TL Zucker
Salz
schwarzer Pfeffer aus der Mühle
2 EL Kräuter, frisch gehackt (z.B. Estragon, Basilikum, Kerbel)
200 ml kräftige Gemüsebrühe
4 Hähnchenbrüste ohne Haut

Dip
150 g Schmand
1 EL geschroteter schwarzer Pfeffer
Salz
schwarzer Pfeffer aus der Mühle
1 Spritzer Zitronensaft
1 Prise Zucker

Feines **Rahmgulasch** mit Pfifferlingen

Für 4 Personen

Gulasch
200 g Zwiebeln
4 EL Öl
700 g Kalbsgulasch
1 EL Tomatenmark
1 EL edelsüßes Paprikapulver
100 ml Weißwein
300 ml Brühe
Salz
½ TL abgeriebene Schale von 1 unbehandelten Zitrone
2 Messerspitzen Kümmelpulver
schwarzer Pfeffer aus der Mühle
3 EL Crème fraîche
300 g Sahne

Pilze
300 g Pfifferlinge
100 g geräucherter Bauchspeck
2 EL Öl
2 EL Blattpetersilie, gehackt

1. Zwiebeln abziehen und würfeln. Öl in einem Topf erhitzen und das Fleisch darin kräftig anbraten. Fleisch herausnehmen. Zwiebeln im Bratfett kräftig anbraten. Fleisch wieder dazugeben. Tomatenmark und Paprikapulver zufügen und kräftig mitbraten lassen. Mit Weißwein ablöschen und die Flüssigkeit etwas einkochen lassen. Brühe zufügen und leicht salzen. Gulasch 1 Stunde leise köcheln lassen.

2. In der Zwischenzeit Pfifferlinge mit einem trockenen Tuch von allen Verunreinigungen befreien oder säubern wie unten im Tipp beschrieben. Pilze halbieren. Bauchspeck fein würfeln.

3. Gulasch mit Zitronenschale, Kümmel, Pfeffer und Salz würzen. Crème fraîche und Sahne einrühren, noch etwas köcheln lassen.

4. Öl erhitzen und die Pilze darin anbraten. Speck dazugeben und kräftig mitbraten. Kurz vor dem Servieren Petersilie zufügen.

5. Das Gulasch und auch die Pilze noch einmal abschmecken und zusammen auf vorgewärmten Tellern servieren.

Beilage Dazu passen Schupfnudeln oder gebratene, in Scheiben geschnittene Thüringer Klöße (siehe Seite 65).

Mein Tipp Um Pfifferlinge zu reinigen, in einer Schüssel 5 Esslöffel Mehl in 2 Litern Wasser anrühren und die Pilze hineingeben. Mit den Händen vorsichtig gegeneinanderreiben, dabei löst sich der Schmutz von den Pilzen. Nur noch unter klarem Wasser kurz abspülen.

Fleisch aus Topf & Pfanne

Fleisch aus Topf & Pfanne

Die besten gefüllten Paprikaschoten

1. Für die Füllung Schalotten abziehen und würfeln. Öl erhitzen und die Schalotten darin glasig braten. Abkühlen lassen und Petersilie zufügen. Hackfleisch, Semmelbrösel, Eier, Ketchup und Senf dazugeben und alles vermengen. Mit Salz und Pfeffer würzen.

2. Backofen auf 180 °C vorheizen. Paprikaschoten waschen, Deckel abschneiden, Samen und Trennwände entfernen. Paprikaschoten mit Hackfleischmasse füllen und die Deckel wieder auflegen.

3. Öl in einem Bräter erhitzen, Paprikaschoten dicht nebeneinander hineinsetzen und an der Unterseite etwas Farbe annehmen lassen.

4. Knoblauch abziehen und fein hacken. Tomaten, Knoblauch, Ketchup und Thymian mit der Brühe verrühren. Schmorsauce zu den Paprikaschoten geben. Den Bräter mit seinem Deckel verschließen und das Gericht etwa 45 Minuten im Backofen garen lassen.

5. Schoten behutsam aus dem Bräter heben. Sauce mit Sahne und Crème fraîche aufkochen und mit Salz, Pfeffer und Tabasco würzen. Paprikaschoten anrichten und die Sauce dazu reichen.

Beilage Dazu passt knusprig geröstetes Weißbrot mit Kräuterbutter.

Mein Tipp Verwenden Sie italienische Eiertomaten aus der Dose, denn sie sind sehr aromatisch. Diese vorab ganz grob mit einem Handmixer pürieren, so wird die Sauce sämiger. Und: Alle gefüllten Paprikaschoten zusammen auf eine Servierschale setzen und servieren – das macht Appetit!

Für 4 Personen

Füllung
4 Schalotten
1 EL Öl
2 EL Blattpetersilie, gehackt
400 g gemischtes Hackfleisch
100 g Semmelbrösel
2 Eier
4 EL Tomatenketchup
2 EL scharfer Senf
Salz
schwarzer Pfeffer aus der Mühle

Paprikaschoten
4 mittelgroße Paprikaschoten à etwa 200 g
2 EL Öl
2 Knoblauchzehen
400 g geschälte Tomaten (Dose)
2 EL Tomatenketchup
1 Zweig Thymian
200 ml Rinderbrühe
100 g Sahne
2 EL Crème fraîche
Salz
schwarzer Pfeffer aus der Mühle
etwas Tabasco

Geschmorte Kaninchenkeulen mit Perlzwiebelpüree

Für 4 Personen

Perlzwiebelpüree
400 g kleine runde Zwiebeln
1 EL Butter
1 EL Zucker
400 ml weißer Portwein
200 ml Brühe
Salz
schwarzer Pfeffer aus der Mühle

Kaninchenkeulen
100 g Möhren
100 g Knollensellerie
100 g Lauch
4 Kaninchenkeulen, küchenfertig
Salz
schwarzer Pfeffer aus der Mühle
3 EL Öl
1 EL Tomatenmark
400 ml Weißwein
400 ml Geflügelfond
300 ml roter Portwein
2 Lorbeerblätter
2 Wacholderbeeren
2 Gewürznelken
3 EL Crème fraîche

1 Für das Zwiebelpüree Zwiebeln abziehen und grob würfeln. Butter zerlassen, Zwiebeln und Zucker dazugeben und die Zwiebeln etwas karamellisieren lassen. Mit Portwein und Brühe ablöschen und etwa 1 Stunde bei geringer Hitze weich köcheln lassen. Mit einem Handmixer pürieren und mit Salz und Pfeffer kräftig abschmecken.

2 Für die Kaninchenkeulen Backofen auf 180 °C vorheizen. Möhren, Sellerie, Lauch waschen, putzen und klein schneiden. Fleisch salzen und pfeffern.

3 Öl in einem Bräter erhitzen und das Fleisch darin rundum anbraten. Gemüse zufügen und mitbraten. Tomatenmark einrühren und kurz mitbraten. Mit Weißwein ablöschen. Fond und Portwein angießen. Lorbeerblätter, Wacholderbeeren und Nelken zufügen. Kaninchenkeulen etwa 1 Stunde im Backofen garen lassen.

4 Keulen herausnehmen und abdecken. Den Fond durch ein Sieb geben, Crème fraîche einrühren und abschmecken. Fleisch auf einer Platte anrichten und mit etwas Sauce begießen. Das Zwiebelpüree separat dazu reichen.

Beilage Dazu passen Bratkartoffeln.

Mein Tipp Wenn ich einen Bratenfond mit festen Gemüsebestandteilen durch ein Sieb gieße, drücke ich mit einem Löffel das weiche Gemüse mit durch. So wird die Sauce aromatisiert und erhält eine leichte Bindung.

Fleisch aus Topf & Pfanne

Fleisch aus Topf & Pfanne

Saftiger **Kirmesbraten** mit Thüringer Klößen

1. Backofen auf 180 °C vorheizen. Knoblauch abziehen und durch eine Knoblauchpresse drücken. Fleisch kräftig mit Knoblauch, Majoran, Kümmel, Salz und Pfeffer würzen. Öl in einem Bräter erhitzen und das Fleisch darin rundum anbraten.

2. Möhren, Sellerie und Lauch waschen, putzen und in etwa 2 Zentimeter große Stücke schneiden. Zum Fleisch geben und mitanbraten. Mit Weißwein und Brühe ablöschen. Lorbeerblätter, Nelken und Pimentkörner zufügen und alles für etwa 2 Stunden in den Backofen stellen. Das Fleisch ab und zu mit dem Bratenfond übergießen.

3. Fleisch aus der Sauce nehmen und warm stellen. Sauce abseihen und etwas einkochen lassen. Vor dem Servieren abschmecken.

4. Für die Klöße Brötchen in ½ Zentimeter große Würfel schneiden. Butter erhitzen und die Brotwürfel darin zu knusprigen Croûtons rösten. Mit Salz und Pfeffer würzen.

5. Kartoffeln schälen und waschen. 1 Kilogramm Kartoffeln klein schneiden, mit Wasser bedecken und sehr weich kochen. Abgießen, abdampfen lassen und durch ein Sieb streichen. Restliche Kartoffeln reiben, in ein Küchentuch geben und gut auspressen. Die Kartoffelstärke zur rohen Kartoffelmasse geben. Den noch heißen Kartoffelbrei mit den ausgedrückten Kartoffeln mischen und daraus 7 bis 8 Zentimeter dicke Klöße formen. Diese behutsam aufbrechen, mit Croûtons füllen und wieder zusammendrücken. In knapp siedendem Salzwasser 15 bis 20 Minuten garen. Mit dem Fleisch und der Sauce anrichten.

Für 4 Personen

Braten
3 Knoblauchzehen
1 kg Schweinehals von allererster Qualität (am besten Bioware)
1 TL gerebelter Majoran
1 TL Kümmel
1 TL Salz
schwarzer Pfeffer aus der Mühle
2 EL Öl
100 g Möhren
100 g Knollensellerie
100 g Lauch
400 ml Weißwein
800 ml Fleischbrühe
2 Lorbeerblätter
2 Nelken
2 Pimentkörner

Klöße
2 Brötchen vom Vortag
2 EL Butter
Salz
schwarzer Pfeffer aus der Mühle
3 kg mehligkochende Kartoffeln
1 EL Kartoffelstärke

Hirschbraten in Preiselbeersauce mit glasierten Maronen

Für 4 Personen

Hirschbraten

ca. 1 kg Hirschbraten (Hirschkalb aus der Keule), vom Metzger küchenfertig vorbereitet
100 g Knollensellerie
100 g Möhren
100 g Lauch
100 g Zwiebeln
2 Lorbeerblätter
5 Wacholderbeeren
1 EL schwarze Pfefferkörner
300 ml roter Portwein
700 ml Rotwein
Salz
schwarzer Pfeffer aus der Mühle
2–3 EL Öl
2 EL Tomatenmark

1. Hirschkeule küchenfertig vorbereiten, d.h. Sehnen, Häute und Fettansammlungen entfernen, sofern dies nicht schon der Metzger übernommen hat.

2. Sellerie schälen und putzen. Möhren waschen und schälen. Lauch waschen und putzen. Alles in kleine Stücke schneiden. Zwiebeln abziehen und würfeln.

3. Fleisch mit Gemüse, Lorbeerblättern, Wacholderbeeren und Pfefferkörnern in ein säurefestes Gefäß geben und mit den beiden Weinen übergießen. 24 Stunden an einem kühlen Ort marinieren lassen.

4. Am nächsten Tag das Fleisch herausnehmen und trockentupfen. Marinade durch ein Sieb gießen, Gemüse auffangen, Gewürze entfernen und beiseite legen. Fleisch mit Salz und Pfeffer würzen.

5. Öl in einem Bräter erhitzen und das Fleisch darin scharf anbraten. Das abgetropfte Gemüse dazugeben und mitbraten. Tomatenmark einrühren und mitanschmoren. Mit der Marinade ablöschen und die Gewürze wieder zufügen. Den Hirschbraten etwa 1 ½ Stunden bei aufgelegtem Deckel schmoren lassen. Backofen auf 80 °C vorheizen. Fleisch herausnehmen und zum Warmhalten in den Backofen stellen.

6. Sauce einkochen und durch ein Sieb gießen, die aufgefangenen Gewürze wegwerfen. Sauce und Gemüse in einem kleineren Topf mit Konfitüre, Senf, Pfeffer und Schnaps erhitzen. Mit einem Schneebesen die kalten Butterwürfel nach und nach einrühren. Abschmecken.

Fleisch aus Topf & Pfanne

7 Für die Maronen Butter und Zucker zusammen in einem Topf schmelzen. Maronen zufügen. Mit Kirschwasser ablöschen und alles warm halten. Maronen vor dem Servieren noch einmal gut durchschwenken.

8 Hirschbraten auf einer Platte anrichten. Mit der Preiselbeersauce und den Maronen servieren.

Beilage Dazu passen Spätzle oder knusprig überbackenes Kartoffelpüree.

Mein Tipp Seitdem es im Handel vorgekochte Maronen in Vakuumverpackungen gibt, ist der Arbeitsaufwand für Maronen gering. Und doch lohnt sich die Mühe, weil das Aroma einfach besser ist. Frische Maronen bereite ich so zu: Die harte Schale mit einem sehr scharfen kleinen Messer an der Spitze über Kreuz großzügig einritzen und in wallender Fleischbrühe 10 bis 15 Minuten kochen. Abgießen, etwas abkühlen lassen und die Schale mit einem Messer abziehen. Dann 20 bis 30 Minuten weiterkochen, bis sie weich sind, aber noch nicht zerfallen.

Mein Tipp Beim Marinieren soll das Fleisch immer von Flüssigkeit umgeben sein, damit die Säure der Weine und die Aromen aller anderen Zutaten überall gleichmäßig eindringen können. Deshalb zwischendurch das Fleisch drehen oder wenden, damit auch die Kontaktstellen mit dem Gefäß etwas davon abbekommen. Der Braten verbessert im Weinbad – das übrigens kein Salz enthalten darf, weil das Fleisch sonst viel von seinem aromatischen Saft verliert – nicht nur seinen Geschmack, sondern auch seine Konsistenz. Das Gewebe wird gelockert und dadurch weicher.

Sauce
3 EL Preiselbeerkonfitüre
1 EL scharfer Senf
½ EL Pfeffer, geschrotet
5 EL Wacholderschnaps oder Gin
2 EL eiskalte Butter, in Würfeln

Maronen
400 g Maronen (Esskastanien), vorgegart und in Vakuum verpackt (eigene Zubereitung siehe Tipp)
2 EL Butter
1 EL Zucker
4 EL Kirschwasser

Sanft geschmorte Kalbsbacken mit Kartoffel-Aprikosen-Gratin

Für 4 Personen

Marinade
400 ml Rotwein
300 ml roter Portwein
3 Lorbeerblätter
3 Nelken, 3 Pimentkörner

Kalbsbacken
1 kg Kalbsbacken
Salz, schwarzer Pfeffer
3 EL Öl
100 g Möhren
100 g Schalotten
100 g Knollensellerie
4 Knoblauchzehen, abgezogen
1 Zweig Thymian
1 EL Tomatenmark
1 EL Mehl
2 EL eiskalte Butter, in Würfeln

Kartoffel-Aprikosen-Gratin
800 g Kartoffeln
100 g Schalotten
10 Soft-Aprikosen
300 g Sahne
200 ml Milch
Salz, schwarzer Pfeffer

1. Die Zutaten für die Marinade mischen. Kalbsbacken einlegen und 24 Stunden gekühlt ruhen lassen, dabei ab und zu wenden.

2. Am nächsten Tag Kalbsbacken aus der Marinade nehmen und trockentupfen. Mit Salz und Pfeffer würzen. In einem Topf 2 Esslöffel Öl erhitzen und das Fleisch darin anbraten. Herausnehmen.

3. Gemüse waschen, putzen, fein würfeln und im Fleischtopf anbraten. Herausnehmen und beiseite stellen. Topf säubern. Restliches Öl darin erhitzen und Gemüse und Fleisch wieder dazugeben. Knoblauch klein schneiden und mit Thymian und Tomatenmark im Topf mitrösten. Mehl hineinstreuen, alles einmal kräftig durchrühren und die Marinade angießen. Den Topf mit seinem Deckel verschließen.

4. Backofen auf 160 °C vorheizen und das Fleisch darin 2 ½ Stunden garen. Herausnehmen. Sauce durch ein Sieb geben und etwas einkochen. Mit einem Schneebesen die Butterwürfel einrühren. Fleisch in die Sauce legen und warm halten, bis das Gratin fertig ist.

5. Für das Gratin Backofen auf 180 °C vorheizen. Kartoffeln waschen, schälen und in Scheiben schneiden. Schalotten abziehen und in Ringe schneiden. Aprikosen klein schneiden. Kartoffeln, Schalotten und Aprikosen in Sahne und Milch aufkochen. Salzen und pfeffern. Alles in eine Ofenform geben und für 30 Minuten in den Backofen schieben.

6. Kalbsbacken in der Sauce zusammen mit dem Kartoffel-Aprikosen-Gratin servieren.

Kalbskotelett »400 g« mit Rotweinschalotten

Für 4 Personen

2 Kalbskoteletts à 400 g, von allererster Qualität (am besten Bioware)
3 EL Keimöl
¼ TL Pfeffer, geschrotet
1 Knoblauchzehe, durchgepresst
Salz

Rotweinschalotten
400 g Schalotten
2 EL Zucker
2 Lorbeerblätter
1 Zweig Rosmarin
300 ml Rotwein
300 ml roter Portwein
2 EL eiskalte Butter, in Würfeln
Salz
schwarzer Pfeffer aus der Mühle
etwas Essig nach Bedarf

1 Knochen der Koteletts putzen (weiche Bestandteile entfernen). Aus Keimöl, Pfeffer und Knoblauch eine Würzmarinade anrühren. Koteletts einlegen und etwa 5 Stunden gekühlt ruhen lassen.

2 Backofen auf 90 °C vorheizen. Eine schwere Pfanne, am besten eine Grillpfanne, erhitzen. Die abgetropften Koteletts darin ohne Fett auf jeder Seite etwa 4 Minuten anbraten und erst dann salzen. Koteletts für 30 Minuten in den Backofen geben.

3 Schalotten abziehen und in Scheiben schneiden. In die heiße Pfanne mit dem Ansatz von den Koteletts geben und braten. Zucker, Lorbeer und Rosmarin dazugeben und alles karamellisieren lassen. Mit den Weinen ablöschen und 40 Minuten köcheln lassen.

4 Lorbeer und Rosmarin herausnehmen. Zum Binden die Butterwürfel mit einem Kochlöffel nach und nach einrühren. Mit Salz, Pfeffer und eventuell einem Spritzer Essig würzen.

5 Koteletts aus dem Backofen nehmen, schräg aufschneiden und sofort mit den heißen Rotweinschalotten servieren.

Beilage Dazu passen knusprige Bratkartoffeln oder Rösti.

Mein Tipp Allen, die eine feinsäuerliche Note bei den Rotweinschalotten besonders gern mögen, empfehle ich zur Abrundung einen Spritzer Essig. Es sollte auf jeden Fall ein hochwertiger Essig sein, vielleicht sogar eine besondere Sorte – Himbeeressig oder Feigenessig passen besonders gut.

Fleisch aus Topf & Pfanne

Fleisch aus Topf & Pfanne

Himmel und Erde von der Kalbsleber

Für 4 Personen

Kartoffelpüree
500 g mehligkochende Kartoffeln
200 ml Milch
1 EL Butter
Salz

Apfelmus
3 Äpfel (z.B. Boskop)
100 ml Weißwein
2 EL Zucker
etwas abgeriebene Schale
von 1 unbehandelten Zitrone

Kalbsleber
2 kleine Zwiebeln
100 g durchwachsener Speck
700 g frische Kalbsleber, in Scheiben
3 EL Mehl
2 EL Butter
Salz
schwarzer Pfeffer aus der Mühle

1. Für das Püree Kartoffeln waschen, schälen und in Salzwasser weich kochen. Anschließend abgießen und ausdampfen lassen.

2. Milch erhitzen. Kartoffeln durch eine Kartoffelpresse drücken oder fein zerstampfen. Butter einrühren. So viel Milch angießen und verrühren, bis das Püree die gewünschte Konsistenz hat. Salzen.

3. Für das Apfelmus Äpfel schälen, teilen und Kerngehäuse entfernen. Apfelstücke in Weißwein mit Zucker und Zitronenschale etwa 20 Minuten kochen, bis sie weich sind. Mit einem Kartoffelstampfer zu Mus verarbeiten.

4. Für die Kalbsleber Zwiebeln abziehen und würfeln. Speck fein würfeln. Leberscheiben in Mehl wälzen und das überschüssige Mehl abklopfen. Butter erhitzen und die Leberscheiben darin von beiden Seiten jeweils 3 Minuten braten. Salzen und pfeffern. Warm stellen.

5. In der Pfanne Zwiebeln und Speck knusprig braten. Zum Servieren die Leberscheiben auf vorgewärmten Tellern anrichten und die Zwiebel-Speck-Mischung darauf geben. Mit dem Kartoffelpüree und dem Apfelmus servieren.

Einmachfleisch nach einem Rezept meiner Oma

1. Butter in einem Topf zerlassen, Mehl dazugeben und mit einem Schneebesen einrühren, bis eine Mehlschwitze entstanden ist. Unter weiterem Rühren die Brühe zufügen. So lange rühren, bis die Mehlschwitze ganz glatt ist. Mit Wein auffüllen, aufkochen lassen und noch einmal glatt rühren.

2. In die Zwiebelhälfte 2 Gewürznelken stecken. Gespickte Zwiebel, Fleisch, Zitronenscheiben und Lorbeerblätter in die Weinsauce geben und etwa 1 ½ Stunden leise köcheln lassen.

3. Fleisch aus der Sauce nehmen. Sauce durch ein Sieb geben und mit Salz, Pfeffer und etwas Brühepulver würzen. Fleisch wieder zufügen, noch einmal kurz erhitzen und abschmecken.

Beilage Dazu Spätzle servieren.

Mein Tipp Meine Oma war für mich die beste Köchin auf der Welt. Für dieses Gericht hat sie reichlich Butter verwendet (mehr als in meinem Rezept). Es gab nichts, was ich bei meiner Oma lieber aß als ihr leckeres Einmachfleisch.

Für 4–6 Personen

150 g Butter
1 ½ EL Mehl
100 ml Fleischbrühe
½ l Weißwein (Spätlese)
½ Zwiebel, abgezogen
2 Gewürznelken
1 kg Milchkalb-Schnitzel (8 Stück)
2 Scheiben von 1 unbehandelten Zitrone
2 Lorbeerblätter
Salz
schwarzer Pfeffer aus der Mühle
etwas Brühepulver

Fleisch aus Topf & Pfanne

Sauerbraten vom Kalbstafelspitz mit Meerrettichwirsing

1 Für die Marinade alle Zutaten zusammen einmal aufkochen und dann abkühlen lassen. Das Fleisch so in die Marinade legen, dass es bedeckt ist. 2 Tage gekühlt ruhen lassen, dabei ab und zu wenden.

2 Nach den 2 Tagen das Fleisch aus der Marinade nehmen und trockentupfen. Die Marinade aufheben. Das Fleisch mit Salz und Pfeffer würzen. Öl in einem Topf erhitzen und das Fleisch darin kurz scharf anbraten. Herausnehmen.

3 Möhren und Sellerie putzen und schälen, Zwiebel abziehen und alles würfeln. Gemüse im Fleischtopf anbraten. Tomatenmark dazugeben und anrösten. Mit Apfelsaft ablöschen und einkochen lassen. Die Hälfte der Marinade zugießen. Butter, Johannisbeergelee, Wacholderschnaps oder Gin und Senf einrühren. Mit Salz und Pfeffer würzen. Fleisch auf das Gemüse legen und 2 Stunden leise köcheln lassen.

4 In der Zwischenzeit den Wirsing putzen und klein schneiden. Butter erhitzen, den Wirsing darin anbraten und mit Wein ablöschen. Sahne zufügen und für 30 Minuten leise köcheln lassen. Mit Meerrettich, Salz und Pfeffer würzen.

5 Backofen auf 80 °C vorheizen. Fleisch aus dem Topf nehmen und im Backofen warm halten. Sauce pürieren und einkochen lassen. Wirsing abschmecken. Alles zusammen servieren.

Beilage Dazu passen Rösti mit Speck.

Für 4 Personen

Marinade
¼ l Rotweinessig
½ l Rotwein
1 TL schwarze Pfefferkörner
5 Wacholderbeeren
2 Nelken, 2 Lorbeerblätter

Tafelspitz
1 kg Kalbstafelspitz
Salz, schwarzer Pfeffer
3 EL Öl, 100 g Möhren
100 g Knollensellerie
1 Zwiebel
1 EL Tomatenmark
100 ml Apfelsaft
2 EL Butter
2 EL Johannisbeergelee
5 EL Wacholderschnaps oder Gin
1 TL scharfer Senf

Meerrettichwirsing
1 kleiner Wirsingkopf
1 EL Butter
200 ml Weißwein
300 g Sahne
3 EL Sahnemeerrettich (Glas)
Salz, weißer Pfeffer

Glasierte Lammkeule mit Apfel-Minz-Sauce

Für 4 Personen

1 kg Lammkeule ohne Knochen
Salz
schwarzer Pfeffer aus der Mühle
3 Schalotten
1 Apfel (Boskop)
3 EL Öl
300 ml weißer Portwein
100 ml Weißwein
100 ml Apfelsaft
5 Blatt Minze
1 TL Thymian, frisch oder gerebelt

Außerdem
1 EL eiskalte Butter, in Würfeln, zum Binden

1 Fleisch kräftig mit Salz und Pfeffer würzen. Schalotten abziehen. Apfel schälen, teilen und das Kerngehäuse entfernen. Schalotten und Apfel würfeln. Backofen auf 180 °C vorheizen.

2 Öl in einem Topf erhitzen und das Fleisch darin rundum anbraten. Apfel- und Schalottenwürfel zufügen und mitbraten. Mit Portwein, Weißwein und Apfelsaft ablöschen. Deckel auflegen und das Fleisch für 30 Minuten in den Backofen schieben.

3 Den Topf aus dem Backofen ziehen und die Backofentemperatur auf 90 °C stellen. Fleisch aus dem Topf herausnehmen und im Backofen 20 Minuten warm halten.

4 Sauce auf der Kochstelle einkochen lassen. Durch ein Sieb streichen. Minze fein schneiden und mit Thymian in die Sauce geben. Mit Salz und Pfeffer würzen. Soll die Sauce etwas gebunden werden, mit einem Schneebesen Butterwürfel einrühren. Abschmecken.

5 Die Lammkeule auf einer Platte anrichten und mit etwas Sauce umgießen.

Beilage Dazu passt ein Kartoffelgratin.

Mein Tipp Wer keine eiskalte Butter zur Hand hat, kann zum Binden der Sauce auch etwas Kartoffelstärke, gemäß Packungsangabe, verwenden.

Fleisch aus Topf & Pfanne

Bauernfrühstück mit Teltower Rübchen

1 Zwiebel abziehen, Rübchen schälen und beides in Streifen schneiden. Fleisch und Speck ebenfalls in Streifen schneiden.

2 1 Esslöffel Öl erhitzen und die Zwiebel- und Rübchenstreifen darin anbraten. Fleisch und Speck dazugeben und mitanbraten.

3 Kartoffeln pellen und in Scheiben schneiden. In einer zweiten Pfanne das restliche Öl mit der Butter erhitzen und die Kartoffeln darin braten. Ca. 5 Minuten vor Ende der Garzeit zum Fleisch geben.

4 Eier in einer Schüssel verschlagen. Essiggurken würfeln und zusammen mit Kümmel und Schnittlauch zu den Eiern geben. Verquirlen und mit Salz und Pfeffer würzen.

5 Die Eiermischung über die Kartoffeln geben und stocken lassen. Heiß servieren.

Mein Tipp Teltower Rübchen sind benannt nach der brandenburgischen Landschaft Teltow, wo diese besondere Form der Speiserüben vorwiegend angebaut wird. Für dieses Rezept müssen es aber nicht unbedingt Teltower Rübchen sein: Zu meinem Bauernfrühstück passen auch Steckrüben, die auf dieselbe Weise zubereitet werden. Oder Sie verwenden Rettich oder Möhren, ganz nach Geschmack.

Für 4 Personen

1 Zwiebel
300 g Teltower Rübchen
400 g Schweinefilet
80 g geräucherter Speck
3 EL Öl
500 g Kartoffeln, am Vortag in der Schale gekocht
1 EL Butter
4 Eier
2 Essiggurken
¼ TL Kümmel
2 EL Schnittlauchröllchen
Salz
schwarzer Pfeffer aus der Mühle

Fleisch aus Topf & Pfanne

Kalbfleischpflanzerl mit Kartoffel-Gurken-Salat

Für 4 Personen

Kartoffel-Gurken-Salat
800 g kleine festkochende Salatkartoffeln
½ Salatgurke
Salz
100 g Zwiebeln
300 ml Fleischbrühe
1 TL scharfer Senf
6 EL Obstessig
6 EL Salatöl
schwarzer Pfeffer, Zucker
3 EL Butter

Frikadellen
3 Brötchen vom Vortag
50 ml Milch
50 g Sahne
Salz, schwarzer Pfeffer
2 Knoblauchzehen
1 Zwiebel, 1 EL Öl
2 EL Blattpetersilie, gehackt
500 g Kalbshackfleisch
100 g Kalbsbrät
2 Eier
1 EL Senf, 5 Spritzer Tabasco
2 EL Butter

1 Für den Salat Kartoffeln mit der Schale gar kochen, sie sollten nicht zu weich werden. Etwas abkühlen lassen, bis man sie anfassen kann, und pellen. Kartoffeln in dünne Scheiben schneiden.

2 Gurke schälen, längs halbieren, Kerne entfernen, das Fruchtfleisch hobeln, mit 1 Prise Salz mischen und nach etwa 5 Minuten ausdrücken. Zwiebeln abziehen und fein würfeln.

3 Brühe leicht erwärmen und mit Zwiebeln, Senf, Essig und Öl mischen. Zusammen mit der Gurke über die noch warmen Kartoffelscheiben geben. Mit Salz, Pfeffer und Zucker würzen. Butter erhitzen, bis sie braun ist, und über den Kartoffelsalat geben. Alles vermengen und den Salat vor dem Servieren gut 1 Stunde durchziehen lassen.

4 Für die Frikadellen Brötchen würfeln. Milch und Sahne erhitzen und über die Brötchen geben. Mit Salz und Pfeffer würzen.

5 Knoblauch abziehen und fein hacken. Zwiebel abziehen und würfeln. Öl erhitzen und die Zwiebeln darin anbraten. Knoblauch und Petersilie dazugeben. Die Mischung leicht abkühlen lassen.

6 Hackfleisch und Kalbsbrät miteinander vermischen. Brötchen ausdrücken und zum Fleisch geben. Zwiebelmischung, Eier, Senf und Tabasco zufügen. Alles gut vermengen, salzen und pfeffern.

7 Aus der Masse Frikadellen formen. Butter erhitzen und die Frikadellen von allen Seiten braun braten. Mit dem Salat servieren.

Knuspriger Schweinebauch mit Kerbelknollenpüree

1. Die Schwarte des Schweinebauchs mit einem sehr scharfen Messer rautenförmig einschneiden, dabei nicht in das Fleisch schneiden.

2. Backofen auf 140 °C vorheizen. Schalotten abziehen, Möhren und Sellerie waschen, schälen und putzen, Knoblauch abziehen und alles würfeln. Zusammen mit Sternanis und Zimt in einen Bräter geben und Brühe angießen. Fleisch salzen, pfeffern und mit der Schwarte nach oben in die Brühe legen. Im Backofen etwa 4 Stunden garen.

3. Fleisch herausnehmen und zwischen die Unterseiten von zwei etwa gleich großen Auflaufformen legen. Die obere Form beschweren, zum Beispiel mit vollen Konservendosen. Über Nacht kühl stellen. Am nächsten Tag Fond durch ein Sieb streichen und einkochen lassen. Zum Binden Butter mit einem Schneebesen einrühren.

4. Backofen auf 190 °C vorheizen. Fleisch in 15 Zentimeter lange und etwa 5 Zentimeter breite Stücke teilen. Öl erhitzen und das Fleisch mit der Hautseite nach unten kross anbraten. Fleisch mit der Schwarte nach oben auf ein gefettetes Backblech legen und für etwa 10 Minuten in den Backofen geben. Die Schwarte soll knusprig braun werden.

5. Für das Püree Kerbelknollen schälen. 10 Minuten in Salzwasser weich kochen, abgießen und ausdampfen lassen. Noch warm mit Butter, Sahne und Milch pürieren. Salzen und zum Fleisch servieren.

Beilage Dazu passen Semmelknödel oder ein kräftiges Bauernbrot.

Für 4 Personen

1 kg Schweinebauch ohne Knochen, nicht zu fett
3 Schalotten
80 g Möhren
80 g Knollensellerie
2 Knoblauchzehen
3 Sternanis
1 kleines Stück Zimtstange
1 l Fleisch- oder Geflügelbrühe
Salz
schwarzer Pfeffer aus der Mühle
1–2 EL eiskalte Butter, in Würfeln
2 EL Öl

Kerbelknollenpüree

8 mittelgroße Kerbelknollen (ersatzweise 600 g Knollensellerie)
2 EL zimmerwarme Butter
50 g Sahne
50 ml Milch
Salz

Vegetarisch & mit Fisch

Gemüse, Käse und Pilze sind Teil der Region, aus der sie kommen. Dasselbe gilt für den Fisch aus heimischen Seen, Flüssen und von der Küste. Was Christian Henze daraus zubereitet, gibt vertrauten Leckerbissen eine besondere Note – und wer sich bewusst hineinschmeckt, ahnt etwas von der Würze der Landschaften.

Frankfurter grüne Sauce mit Gewürzkartoffeln

Für 4 Personen

Sauce

4 Eier
100 g Zwiebeln
ca. 200 g frische Kräuter (Blattpetersilie, Schnittlauch, Kerbel, Estragon, Liebstöckel, Dill, Kresse, Borretsch)
200 g Schmand oder Sauerrahm
150 g Naturjoghurt
3 EL Obstessig
5 EL Rapskernöl
¼ TL Zucker
Salz
2 Messerspitzen Cayennepfeffer
schwarzer Pfeffer aus der Mühle

Gewürzkartoffeln

600 g kleine mehligkochende Kartoffeln
Salz
1 TL Kümmel
2 EL Butter
schwarzer Pfeffer aus der Mühle
¼ TL edelsüßes Paprikapulver
4 Messerspitzen Currypulver
2 Messerspitzen Safranpulver

1 Für die Sauce Eier hart kochen, pellen, erkalten lassen und hacken. Zwiebeln abziehen und fein würfeln. Kräuter waschen, trockenschleudern und fein hacken.

2 Die Hälfte der Kräuter mit Schmand, Joghurt, Obstessig und Rapskernöl sehr fein mixen. Diese Joghurtcreme mit Zucker, Salz, Cayennepfeffer und Pfeffer würzen.

3 Die restlichen Kräuter unter die Joghurtcreme ziehen. Zwiebeln und Eier untermischen. Die Sauce abschmecken.

4 Kartoffeln waschen und mit der Schale in wenig Wasser mit etwas Salz und Kümmel weich kochen. Anschließend Kartoffeln pellen.

5 Butter mit Salz, Pfeffer, Paprika-, Curry- und Safranpulver aufschäumen lassen. Kartoffeln etwa 5 Minuten darin schwenken und etwas Farbe annehmen lassen. Noch warm zur Sauce reichen.

Mein Tipp Die Meinung, dass es nur eine bestimmte Kräutermischung für die Frankfurter Sauce gibt, teile ich nicht. Erstens sollte man nehmen, was die Saison gerade bietet, und zweitens gibt es für mich beim Kochen grundsätzlich kein Dogma. Auch Kresse, Pimpinelle und Sauerampfer machen sich gut, ja sogar Spinat ist erlaubt – Hauptsache, es entsteht ein volles Aroma. Rapskernöl ist für dieses Gericht meine erste Wahl, denn es gilt als sehr gesund, und schmecken tut es sowieso!

Vegetarisch & mit Fisch

Lauwarmer Harzer Käse auf geröstetem Bauernbrot

1. Kartoffeln pellen und etwa 2 Zentimeter groß würfeln. Zwiebeln abziehen und würfeln. Knoblauch abziehen und in Scheiben schneiden. Lauchzwiebeln waschen, putzen und klein schneiden.

2. Butter in einer beschichteten Pfanne erhitzen und die Kartoffelwürfel darin kräftig anbraten. Zwiebeln, Knoblauch und Lauchzwiebeln dazugeben. Mit Salz und Pfeffer würzen.

3. Für das Dressing Essig, Senf, Salz und Pfeffer miteinander verrühren und das Öl in dünnem Strahl einrühren.

4. Käse und Marinade zu den Kartoffeln geben, mit Kümmel bestreuen und kurz schwenken. Der Käse sollte nur leicht warm werden. Noch einmal abschmecken.

5. Brot toasten, Schnittlauch in Röllchen schneiden. Käse-Kartoffeln auf die Scheiben verteilen und mit Schnittlauch bestreuen.

Für 4 Personen

200 g Pellkartoffeln, vollständig abgekühlt (am besten vom Vortag)
2 kleine rote Zwiebeln
1 Knoblauchzehe
2 kleine Lauchzwiebeln
2 EL Butter
Salz
schwarzer Pfeffer aus der Mühle
4 EL Obstessig
1 TL scharfer Senf
5 EL Öl
400 g Harzer Käse
etwas Kümmel
4 Scheiben Bauernbrot
½ Bund Schnittlauch

Kässpatzen mit geschmolzenen Zwiebeln und Endiviensalat

Für 4 Personen

Kässpatzen
500 g Mehl
8–9 Eier, je nach Größe
Salz
150 g Bergkäse
100 g Emmentaler
100 g Alpkäse oder Appenzeller
100 g Romadur oder Limburger
400 g Zwiebeln
125 g Butter

Salat
2 kleine Köpfe Endiviensalat
4 EL Rotweinessig
4 EL weißer Portwein (ersatzweise süßer Sherry oder roter Martini)
1 TL Zucker
Salz
schwarzer Pfeffer aus der Mühle
5 EL Rapskernöl

Außerdem
Steinguttopf, möglichst mit Deckel, 1 ½–2 l Fassungsvermögen

1. Für die Spätzle Mehl in eine Schüssel sieben. In der Mitte eine Vertiefung formen. Eier aufschlagen und mit 1 Teelöffel Salz hineingeben. Alles mit einem Kochlöffel vermengen und etwa 5 Minuten kräftig schlagen, bis der Teig Blasen wirft. 10 Minuten ruhen lassen.

2. In einem Topf 2 bis 3 Liter Wasser mit 1 Esslöffel Salz zum Kochen bringen. Spätzleteig auf ein handliches Brett geben und mit einem Messer in bleistiftdicken Streifen nach und nach in das Wasser schaben. Kurz aufkochen. Spätzle nach oben steigen lassen, abschöpfen und abtropfen lassen. Etwas Spätzlekochwasser zurückhalten.

3. Backofen auf 80 °C vorheizen. Harte Käsesorten reiben, Romadur würfeln, beides mischen. Heiße Spätzle und Käse abwechselnd in einen Steinguttopf schichten. Dabei etwa 100 Milliliter heißes Spätzlewasser in die Schichtungen geben und alles behutsam durchmischen. Deckel auflegen oder mit Alufolie verschließen. In den Backofen stellen.

4. Zwiebeln abziehen und in Streifen schneiden. In Butter weich dünsten und etwas Farbe annehmen lassen.

5. Salat waschen, putzen und die Blätter in etwa 2 Zentimeter breite Streifen schneiden. Essig mit Portwein, Zucker, Salz, Pfeffer und etwas Öl aufrühren. Restliches Öl in einem dünnen Strahl mit einem Schneebesen einschlagen. Salat mit dem Dressing durchmischen.

6. Zwiebelschmelze auf die Kässpatzen geben und etwas Pfeffer darüber frisch aufmahlen. Salat dazu reichen.

Vegetarisch & mit Fisch

Vegetarisch & mit Fisch

Knusprige **Kartoffelpuffer** mit frischem Apfel-Gewürz-Mus

1 Für das Mus Äpfel schälen, teilen, Kerngehäuse entfernen und das Fruchtfleisch klein schneiden. Apfelstücke in Wein und Wermut mit Zucker, Zimtstange, Lorbeerblättern und Gewürznelken 20 Minuten leicht köcheln lassen. Zimt, Lorbeer und Nelken herausnehmen.

2 Marzipan, Butter und Rum zu den gewürzten Äpfeln geben. Alles pürieren. Das Mus lauwarm abkühlen lassen.

3 Für die Puffer Kartoffeln schälen. Die eine Hälfte grob, die andere fein raspeln. Sich ansammelndes Kartoffelwasser abgießen.

4 Zwiebeln abziehen und fein würfeln. Kartoffeln mit Zwiebeln, Eiern, Mehl, Salz und Pfeffer gut vermengen. Aus der Kartoffelmasse kleine flache Küchlein formen.

5 Backofen auf 80 °C vorheizen. Butterschmalz erhitzen und darin zügig die Kartoffelpuffer ausbacken. Bis zum Servieren im Backofen warm halten. Mit dem Apfel-Gewürz-Mus anrichten.

Mein Tipp Wer für das Apfelmus keinen Alkohol verwenden will, verzichtet einfach auf den Rum und verwendet Wasser statt Wein und Wermut.

Für 4 Personen

Apfel-Gewürz-Mus
4 Äpfel (möglichst Boskop)
200 ml Weißwein
200 ml Wermut
2 EL Zucker
½ Zimtstange
2 Lorbeerblätter
2 Gewürznelken
1 EL Marzipanrohmasse
1 EL Butter
2 EL dunkler Rum

Kartoffelpuffer
500 g möglichst große Kartoffeln
100 g Zwiebeln
2 kleine Eier
2 EL Mehl
Salz
schwarzer Pfeffer aus der Mühle
3–4 EL Butterschmalz

»Landhaus«-Zwiebelkuchen mit Feldsalat

Für 4 Personen

Teig
100 g Butter
250 g Mehl
Salz

Belag
800 g Zwiebeln
20 g Butter
10 Eier
2 EL Crème fraîche
1 TL grober Senf
2 EL Himbeeressig
Salz, weißer Pfeffer
Zucker

Salat
200 g Feldsalat
2 EL tiefgekühlte Himbeeren
5 EL Himbeeressig, Zucker
Salz, schwarzer Pfeffer
6 EL Rapsöl

Außerdem
1 Springform (26 cm Durchmesser)
Butter und Mehl für die Form

1 Für den Teig Butter mit Mehl feinbröselig verreiben. 100 Milliliter lauwarmes Wasser und Salz zufügen. Alles schnell durchkneten. Den Teig 30 Minuten kalt stellen.

2 Für den Belag Zwiebeln abziehen und würfeln. Butter bei schwacher Hitze erwärmen und die Zwiebelwürfel darin etwa 15 Minuten anschwitzen, sie sollen keine Farbe annehmen. Abkühlen lassen.

3 Zwiebeln mit Eiern, Crème fraîche, Senf und Essig vermengen. Mit Salz, Pfeffer und etwas Zucker würzen.

4 Backofen auf 170 °C vorheizen. Springform buttern und ausmehlen. Teig passend ausrollen und in die Form legen. Zwiebelmasse darauf verteilen. Den Zwiebelkuchen 45 Minuten im Backofen backen.

5 Feldsalat waschen, putzen und trockenschleudern. Himbeeren pürieren und mit Essig, Zucker, Salz und Pfeffer zu einer Vinaigrette verrühren. Zum Schluss Rapsöl in einem dünnen Strahl mit einem Schneebesen einschlagen. Abschmecken.

6 Zwiebelkuchen aus dem Backofen nehmen, aus der Form lösen, portionieren und auf Tellern anrichten. Feldsalat mit der Vinaigrette mischen und zum Zwiebelkuchen geben.

Info Die angegebenen Backofentemperaturen in diesem Buch beziehen sich auf Elektrobacköfen mit Ober- und Unterhitze. Dabei entsprechen 170 °C Ober-/Unterhitze 150 °C bei Umluft und Stufe 2 bei Gas.

Vegetarisch & mit Fisch

Gratinierter Spargel mit Butterbröseln

Für 4 Personen
800 g weißer Spargel
1 TL Zucker
½ TL Salz
1 EL Butter
1 Scheibe von 1 unbehandelten Orange

Dressing
2 Eier
2 Tomaten
4 EL Obstessig
½ TL Zucker
1 TL scharfer Senf
Salz
schwarzer Pfeffer aus der Mühle
8 EL Rapskernöl

Bröselkruste
2 EL Butter
2 EL Paniermehl oder Weißbrotkrumen
1 EL frisch gehackte Kräuter (z.B. Basilikum, Petersilie, Estragon, Kerbel)
Salz
schwarzer Pfeffer aus der Mühle
4 EL Bergkäse, gerieben

1 Spargel waschen, schälen und holzige Enden abschneiden. Stangen mit Zucker, Salz, Butter und Orangenscheibe in Wasser etwa 15 Minuten kochen. Spargel herausnehmen und abtropfen lassen.

2 Für das Dressing Eier hart kochen, abkühlen lassen, pellen und fein hacken. Tomaten waschen, putzen und fein würfeln. Eier und Tomaten mit Essig, Zucker, Senf, Salz und Pfeffer verrühren. Öl in einem dünnen Strahl mit einem Schneebesen einschlagen. Abschmecken.

3 Für die Bröselkruste Butter in einer Pfanne erhitzen und das Paniermehl darin leicht bräunen. Kräuter einrühren.

4 Backofengrill vorheizen. Die Spargelstangen in die Butterbrösel legen und behutsam schwenken, bis die Stangen von Bröseln umhüllt sind. Mit Salz und Pfeffer würzen. Spargel auf eine Platte legen und die restliche Panade aus der Pfanne darüber verteilen. Mit dem Bergkäse bestreuen.

5 Spargel unter dem Backofengrill überbacken, bis die Kruste goldgelb ist. Gratin heiß servieren und das Dressing dazu reichen.

Mein Tipp Man kann den Spargel auch schon vor dem Gratinieren portionsweise auf Teller verteilen. Allerdings muss man dann gut aufpassen, die möglicherweise sehr heißen Teller nicht zu berühren. Wer mag, hebt das Spargelkochwasser auf und verwendet es an einem anderen Tag für eine Suppe.

Kabeljau mit Dill-Senf-Sauce und Kartoffel-Gurken-Salat

1 Für die Salatmarinade Zwiebeln abziehen und fein würfeln. Brühe erwärmen. Zwiebeln, Brühe, Senf und Essig vermischen, mit Salz, Pfeffer und Zucker würzen. Die Marinade soll leicht überwürzt sein, da die Kartoffeln viel Aroma aufnehmen. Das Öl in dünnem Strahl unter Rühren mit einem Schneebesen zufügen.

2 Kartoffeln in der Schale in wenig Wasser gar kochen. Abgießen, kurz abkühlen lassen und noch warm pellen. In feine Scheiben schneiden und mit der noch warmen Marinade übergießen.

3 Gurke schälen, längs vierteln und den weichen Kernbereich mit einem Löffel entfernen. Gurkenstücke in feine Scheiben schneiden und zu den Kartoffeln geben. Alles behutsam, aber gut vermischen. Den Salat mindestens 2 Stunden ziehen lassen.

4 Für die Dill-Senf-Sauce Schalotten abziehen und würfeln. Butter erhitzen und die Schalotten darin anschwitzen. Mit Wein ablöschen, Sahne angießen und etwas einkochen lassen. Mit Salz würzen, Senfsorten einrühren. Aufkochen und noch einmal abschmecken. Zum Schluss Dill zufügen.

5 Fisch kalt abspülen, trockentupfen und mit Salz bestreuen. In Mehl wenden und überschüssiges Mehl abklopfen. Butter erhitzen und die Fischfilets auf jeder Seite 4 Minuten braten.

6 Kartoffel-Gurken-Salat abschmecken und zimmerwarm zum Fisch servieren. Sauce dazu reichen.

Für 4 Personen

Kartoffel-Gurken-Salat
80 g Zwiebeln
200 ml Brühe
1 TL scharfer Senf
8 EL Obstessig
Salz, schwarzer Pfeffer
Zucker
8 EL Salatöl
800 g kleine Salatkartoffeln (Drillinge)
1 Salatgurke

Dill-Senf-Sauce
2 Schalotten
1 EL Butter
100 ml Weißwein
100 g Sahne
Salz
2 EL süßer Senf
1 EL scharfer Senf
1 EL Dill, gehackt

Fisch
4 Kabeljau- oder Dorschfilets
Salz
3 EL Mehl
3 EL Butter

Hechtfilet in Kapern-Senf-Butter mit Kartoffel-Speck-Püree

Für 4 Personen

Kartoffel-Speck-Püree
800 mehligkochende Kartoffeln
2 EL durchwachsener Räucherspeck
2 EL Butter
200 ml Milch
100 g Sahne
Salz

Fisch
4–8 Hechtfilets
Salz
4 EL Mehl
1 Zitrone
1 EL kleine Kapern
1 EL grober Senf
2 EL Butter
2 EL Blattpetersilie, gehackt

1 Für das Püree Kartoffeln schälen, in Salzwasser kochen und ausdampfen lassen. Noch warm durch eine Kartoffelpresse drücken oder fein zerstampfen.

2 Speck würfeln. Butter zerlassen und den Speck darin anschwitzen. Milch und Sahne erhitzen. Milchsahne und Speckbutter zu den Kartoffeln geben und alles glatt rühren. Mit Salz würzen.

3 Hechtfilets kalt waschen, trockentupfen und noch vorhandene Gräten mit einer Pinzette oder Grätenzange ziehen. Salzen und in Mehl wenden. Überschüssiges Mehl abklopfen.

4 Zitrone schälen, filetieren und das Fruchtfleisch würfeln. Kapern hacken und mit Senf verrühren. Backofen auf 80 °C vorheizen.

5 Butter aufschäumen und die mehlierten Fischfilets darin von beiden Seiten je 3 Minuten braten. Kapern und Zitrone in die schäumende Butter geben. Gegen Ende der Garzeit Petersilie zufügen und abschmecken. Nach Bedarf im Backofen warm halten.

6 Fischfilets auf vorgewärmten Tellern anrichten, mit der Kapern-Senf-Butter beträufeln und mit dem Püree servieren.

Mein Tipp Diese Zubereitungsform ist auch für Zander ideal, sollten Sie mal keinen Hecht erhalten.

Vegetarisch & mit Fisch

Vegetarisch & mit Fisch

Gebratene Scholle mit Speck und Schmorgurken

1 Für die Schmorgurken Gurke waschen, schälen, längst halbieren und den Kernbereich mit einem Löffel entfernen. Fruchtfleisch in 1 ½ Zentimeter große Würfel schneiden. Butter erhitzen und die Gurkenstücke darin leicht anbraten. Mit Zucker, Salz, Pfeffer und Essig würzen. Brühe und Sauerrahm zufügen. Etwas einkochen lassen. Dill einrühren. Abschmecken.

2 Für den Fisch Tomaten mit kochendem Wasser überbrühen, abziehen und in kleine Würfel schneiden. Schalotten abziehen. Schalotten und Speck würfeln.

3 In die Schollen mit einem scharfen Messer ein grobes Rautenmuster einschneiden. Fische salzen und in Mehl wenden, überschüssiges Mehl abklopfen. Backofen auf 80 °C vorheizen.

4 Butter aufschäumen und die Schollen darin von beiden Seiten je etwa 4 Minuten goldbraun anbraten. Aus der Pfanne nehmen und im Backofen warm halten.

5 Speck und Schalotten in der Pfanne mit dem Fischbratfett leicht anbraten. Kräuter und Tomaten dazugeben und kurz durchziehen lassen. Fisch zurück in die Pfanne legen und die Hitze hochschalten, bis alles aufschäumt. Mit Salz und Pfeffer würzen. Die Schollen mit den Schmorgurken servieren.

Beilage Dazu passen Salzkartoffeln, Bratkartoffeln oder ein Kartoffelsalat, der mit Mayonnaise angemacht ist.

Für 4 Personen

Schmorgurken
1 mittelgroße feste Salatgurke
1 EL Butter
¼ TL Zucker
Salz
schwarzer Pfeffer aus der Mühle
3 EL Obstessig
100 ml Brühe
100 g Sauerrahm
1 EL Dill, gehackt

Fisch
2 Tomaten
3 Schalotten
150 g Bauchspeck
4 frische Schollen à 400 g (vom Fischhändler küchenfertig zubereiten lassen)
Salz
4 EL Mehl
2 EL Butter
1 EL Estragon, gehackt
1 EL Blattpetersilie, gehackt
schwarzer Pfeffer aus der Mühle

Gegrilltes Zanderfilet mit Rahmsauerkraut

Für 4 Personen

Rahmsauerkraut

500 g Sauerkraut
(aus Fass oder Dose)
1 kleine Zwiebel
1 EL Butter
2 Messerspitzen Currypulver
Zucker
Salz
schwarzer Pfeffer aus der Mühle
300 g Sahne
100 g Crème fraîche

Fisch

4 Zanderfilets à 160 g mit Haut
(vom Fischhändler küchenfertig
zubereitet)
Salz
3 EL Mehl
2 EL Keimöl
1 EL Butter

1 Für das Rahmsauerkraut Sauerkraut gut wässern, falls es sehr sauer sein sollte; mildes Kraut nur in ein Sieb geben und kurz unter einen kalten Wasserstrahl halten. Abtropfen lassen.

2 Zwiebel abziehen und würfeln. Butter erhitzen und Zwiebelwürfel darin anschwitzen. Sauerkraut dazugeben. Mit Currypulver, Zucker, Salz und Pfeffer würzen. Sahne und Crème fraîche einrühren. Das Kraut erhitzen und 45 Minuten sehr sanft köcheln lassen, bis es eine kompakte Konsistenz aufweist. Abschmecken.

3 Inzwischen von den Zanderfilets gegebenenfalls restliche Gräten entfernen. Kalt abspülen und trockentupfen. In die Haut mit einem scharfen Messer schräg verlaufende, längliche Streifen ritzen. Salzen und in Mehl wenden, überschüssiges Mehl abschütteln.

4 Öl in eine kalte Pfanne geben. Fisch mit der Hautseite nach unten einlegen und langsam goldbraun braten. Nach etwa 5 Minuten wenden, Hitzezufuhr ausschalten. Butter zufügen und schmelzen lassen. Vor dem Servieren etwas Bratfett über den Fisch löffeln.

5 Zum Servieren das Rahmsauerkraut auf Teller verteilen und die Fischfilets darauf legen.

Beilage Dazu passen Salzkartoffeln oder Petersilienkartoffeln.

Vegetarisch & mit Fisch

Vegetarisch & mit Fisch

Matjesfilet Hausfrauenart mit Bratkartoffeln

Für 4 Personen

Matjes
8 Matjesfilets
200 g Sauerrahm
100 g Joghurt
200 g Sahne
Saft von ½ Zitrone
¼ TL Zucker
2 Messerspitzen Cayennepfeffer
Salz, schwarzer Pfeffer
2 feste säuerliche Äpfel
4 Schalotten
2 Essiggurken
3 EL Schnittlauchröllchen

Bratkartoffeln
ca. 600 g festkochende Kartoffeln, am Vortag in der Schale gekocht
3 Schalotten
100 g geräucherter Bauchspeck
½ TL edelsüßes Paprikapulver
1 EL Mehl
2 EL Butterschmalz
1 Knoblauchzehe, abgezogen
Salz, schwarzer Pfeffer
½ TL Kümmel
1 TL Majoran

1 Matjesfilets etwa 15 Minuten kalt wässern. Abtropfen lassen und trockentupfen. Aus Sauerrahm, Joghurt, Sahne, Zitronensaft, Zucker, Cayennepfeffer, Salz und Pfeffer ein Dressing rühren.

2 Äpfel schälen, teilen und die Kerngehäuse entfernen. Schalotten abziehen. Äpfel, Schalotten und Essiggurken würfeln. Mit dem Dressing und den Fischfilets mischen. 2 Stunden ziehen lassen. Abschmecken. Vor dem Servieren mit Schnittlauch bestreuen.

3 Kartoffeln pellen und in Scheiben schneiden. Schalotten abziehen. Schalotten und Bauchspeck würfeln. Paprikapulver und Mehl vermischen und die Kartoffelscheiben darin wenden.

4 Butterschmalz in einer großen Eisenpfanne erhitzen und Kartoffelscheiben darin möglichst nebeneinander goldbraun anbraten, dabei mehrfach wenden. Schalotten und Speck dazugeben und mitbraten. Eventuell die Kartoffeln in mehreren Portionen zubereiten und zum Schluss alles zusammen in die Pfanne geben. Mit durchgepresstem Knoblauch, Salz, Pfeffer, Kümmel und Majoran würzen. Gut durchschwenken und noch einmal abschmecken.

5 Matjes zusammen mit den Bratkartoffeln servieren und mit Schnittlauch bestreuen.

Sanft gegartes Lachsfilet mit Honig und Raukespinat

1. Lachsfilets kalt abspülen, trockentupfen, mit Salz würzen und nur auf der Hautseite gleichmäßig mit Mehl bestäuben.

2. Öl in eine kalte Pfanne geben und Lachsfilets mit der Hautseite nach unten einlegen. Auf mittlere Hitzezufuhr schalten, bis die Haut Farbe angenommen hat. Das dauert etwa 6 Minuten. Backofen auf 80 °C vorheizen.

3. Fisch mit der Haut nach oben auf einen Teller legen. Honig auf die Haut pinseln. 20 Minuten im Backofen nachgaren.

4. Für das Gemüse Spinat und Rauke waschen, putzen und in Streifen schneiden. Schalotten abziehen und würfeln. Butter erhitzen und die Schalotten darin anschwitzen. Spinat und Rauke zufügen. Mit Salz und Pfeffer würzen. Sahne und Crème fraîche einrühren. 5 Minuten köcheln lassen. Käse dazugeben, bis er zerläuft. Alles ganz fein pürieren und abschmecken.

5. Zum Servieren den cremigen Spinat auf Teller verteilen und den Lachs darauf legen.

Beilage Dazu passen Schwenkkartoffeln.

Mein Tipp Wenn man den Lachs in die kalte Pfanne legt und dann erst die Herdplatte erwärmt, wird die Haut schön knusprig, ohne dass das Fischfleisch schon durchgart. So kommt der Lachs fast roh in den Backofen und wird bei 80 °C wunderbar saftig.

Für 4 Personen

Fisch
4 Scheiben Lachsfilet mit Haut, geschuppt, ohne Gräten (vom Fischhändler vorbereiten lassen)
Salz
3 EL Mehl
3 EL Keimöl
2 EL Honig

Raukespinat
200 g junger frischer Blattspinat
100 g Rauke (Rucola)
2 Schalotten
1 EL Butter
Salz
schwarzer Pfeffer aus der Mühle
200 g Sahne
2 EL Crème fraîche
80 g Bergkäse, gerieben

Desserts & Kuchen

Süße Genüsse sind immer wie kleine Fluchten, und was wären bessere Fluchthelfer als sahnig gefüllte Windbeutel, karamellisierte Apfelkuchen oder cremige Schokoladentartes? Wer sich ihnen anvertraut, weiß schon, wohin er sich entführen lässt: nicht etwa in die große weite Welt, sondern in Umgebungen, wo es nach Zuhause schmeckt.

Meine Crème Caramel aus Aprikose und Banane

Für 4 Personen

Bananencreme
100 g Zucker
¼ l Milch
250 g Sahne
1 Prise Salz
Mark von 1 Vanilleschote
½ reife Banane, geschält
4 Eier
3 Eigelb

Aprikosenkaramell
200 g Zucker
50 ml Aprikosensaft (ersatzweise 5 EL Passionsfruchtmark aus dem Glas)

Außerdem
Himbeeren zum Garnieren
Puderzucker zum Bestäuben

1. Für die Bananencreme Zucker, Milch, Sahne, Salz, Vanillemark und Banane fein mixen. Bananenmilch leicht erwärmen.

2. Eier und Eigelbe glatt rühren und unter Rühren rasch zur Bananenmilch geben. Abkühlen lassen und durch ein Sieb gießen.

3. Für den Aprikosenkaramell Zucker hellbraun karamellisieren. Aprikosensaft dazugeben, aufkochen lassen und gut verrühren.

4. Den warmen Aprikosenkaramell auf vier Schälchen verteilen und fest werden lassen. Bananenmilch aufgießen.

5. Backofen auf 140 °C vorheizen. In eine Fettpfanne 1 bis 2 fingerbreit hoch kochendes Wasser gießen. Die Schälchen hineinstellen; sie sollten maximal bis zur halben Höhe im Wasser stehen. Die Form in den Backofen stellen. Bananencreme etwa 1 Stunde stocken lassen.

6. Schälchen aus dem Backofen nehmen und abkühlen lassen. Für 1 bis 2 Stunden in den Kühlschrank stellen.

7. Schälchen kurz in heißes Wasser tauchen, die angebackenen Ränder mit einem Messer lösen und das Dessert auf Teller stürzen.

8. Crème Caramel vor dem Servieren mit Himbeeren belegen und mit Puderzucker bestäuben.

Desserts & Kuchen

Schnelle Schokoladenmousse mit Knuspersesam

1 Für die Mousse Schokolade über einem Wasserbad schmelzen. Dafür die Schokolade hacken, in eine (Metall-)Schüssel geben, diese in heißes Wasser setzen und die Schokolade unter gelegentlichem Rühren schmelzen. Etwas abkühlen lassen.

2 Eigelbe und Zucker in einer zweiten Schüssel über dem Wasserbad schaumig schlagen. Baileys, Arrak, Zimtpulver, Nussnougat und Vanillemark nacheinander unterrühren.

3 Eigelb-Zucker-Mischung in die Schokolade rühren. Sahne steif schlagen und unter die Schokoladenmousse heben. Kalt stellen.

4 Für den Knuspersesam Mehl und Sesam mischen. Mit Butter, Honig, Puderzucker und Mandeln zu einem Teig verkneten. In Folie wickeln und 1 Stunde ruhen lassen. Backofen auf 180 °C vorheizen.

5 Aus dem Sesamteig Kugeln von etwa 1 ½ Zentimeter Durchmesser formen. Backblech mit Backpapier auslegen. Die Teigkugeln in möglichst großem Abstand darauflegen. 15 Minuten im Backofen backen. Herausnehmen, abkühlen lassen und vom Backpapier lösen.

6 Für die Garnitur Erdbeeren waschen, putzen und würfeln. Mit Minze und Puderzucker mischen.

7 Zum Anrichten kleine Türmchen auf Dessertteller bauen. Dafür abwechselnd einen Klecks Schokomousse und eine Kugel Knuspersesam mehrlagig aufeinanderschichten. Erdbeeren daneben setzen.

Für 4–6 Personen

Mousse
180 g dunkle Schokolade
3 Eigelb
2 EL Zucker
4 EL Baileys
1 EL Arrak
1 Messerspitze Zimtpulver
1 TL Nussnougat
Mark von 1 Vanilleschote
250 g Sahne, sehr gut gekühlt

Knuspersesam
100 g Mehl
20 schwarzer Sesam
130 g weiche Butter
140 g Honig
350 g Puderzucker
40 g gehackte Mandeln

Garnitur
200 g Erdbeeren
1 EL Minze, fein gehackt
1 ½ EL Puderzucker

Außerdem
Backpapier

Henzes **Bayrisch Creme** mit Beerenragout

Für 4 Personen

7 Blatt Gelatine
3 EL Himbeergeist
500 g Sahne
4 Eigelb
Mark von 1 Vanilleschote
200 g Zucker
½ l Milch

Beerenragout

100 ml Rotwein
100 ml roter Portwein
1 EL Kartoffelstärke
2 EL Zucker
abgeriebene Schale von
1 unbehandelten Zitrone
400 g gemischte Beeren
(z.B. Erdbeeren, Himbeeren, Heidelbeeren)

1. Gelatine in kaltem Wasser 5 Minuten einweichen und gut ausdrücken. Himbeergeist erwärmen und die Gelatine darin auflösen.

2. Sahne steif schlagen. Eigelbe mit Vanillemark und Zucker schaumig schlagen.

3. Milch erwärmen. Eiermasse in die Milch einrühren. Erhitzen, aber nicht kochen. Himbeergeistmischung einrühren. Creme auf Eiswasser kalt rühren, die geschlagene Sahne unterheben und die Creme in Gläser füllen.

4. Für das Beerenragout Weine mit Kartoffelstärke, Zucker und Zitronenschale aufkochen. Erkalten lassen.

5. Beeren waschen, putzen, klein schneiden und unter die Weinmischung rühren. Auf die Creme in den Gläsern geben.

Mein Tipp Das Abreiben von Zitronen ist keine beliebte Küchenarbeit, vor allem wenn man mehrere Früchte abreiben muss. Zwei Tricks, damit es leichter geht: Wenn man vorher ein Stück Backpapier auf die Reibefläche legt, muss man den Abrieb nachher nicht mühsam aus der Reibe holen. Oder man schneidet die Schale einfach ab und püriert sie im Blitzhacker.

Desserts & Kuchen

Desserts & Kuchen

Karamellisierter Topfenschmarrn mit Eierlikör

1. Eier trennen. Eiweiß mit Salz steif schlagen. Eigelbe mit 3 Esslöffeln Zucker und Vanillemark schaumig schlagen. Milch langsam dazugeben und dabei weiterschlagen.

2. Quark mit Zitronenschale und 5 Esslöffeln Eierlikör unterrühren. Mehl in die Quarkmischung rühren. Eiweiß unterheben.

3. ½ Esslöffel Butter in einer beschichteten Pfanne schmelzen. Je nach Pfannengröße in ein oder zwei Arbeitsgängen den Teig gleichmäßig einfüllen und backen, bis die Unterseite fest ist. Wenden und fertigbacken, bis alles gerade durchgegart ist. Dabei den Deckel auflegen. Den Schmarrn mit zwei (Holz-)Löffeln in kleinere Teile rupfen. Den Vorgang wiederholen, bis der Teig verbraucht ist.

4. Pfanne mit dem Schmarrn sehr stark erhitzen. Restlichen Zucker und reichlich Butter hineingeben und goldgelb karamellisieren lassen, bis der Schmarrn ringsherum leicht knusprig wird.

5. Topfenschmarrn auf Teller verteilen, restlichen Eierlikör darauf geben und alles mit Puderzucker bestreuen.

Für 4–6 Personen

4 Eier
1 Messerspitze Salz
6 EL Zucker
Mark von 1 Vanilleschote
80 ml Milch
250 g Quark (Topfen)
1 TL abgeriebene Schale von 1 unbehandelten Zitrone
100 ml Eierlikör
100 g Mehl
3–4 EL Butter

Außerdem
Puderzucker zum Bestreuen

Windbeutel mit Himbeersahne

Für 4–6 Personen

Brandteig
¼ l Wasser
1 Prise Salz
50 g Butter
150 g Mehl
4 Eier

Füllung
150 g Himbeeren (frisch oder tiefgekühlt)
400 g Sahne
Mark von 1 Vanilleschote
2 EL Puderzucker
1 Päckchen Sahnesteif

Glasur
80 g Puderzucker
2 EL Zitronensaft

Außerdem
Butter und Mehl für das Backblech

1 Für den Brandteig Wasser in einem großen Topf aufkochen und salzen. Butter hineingeben und schmelzen. Die gesamte Mehlmenge auf einmal in das Wasser schütten und dabei ständig rühren. Auf mittlerer Hitze so lange rühren, bis sich ein Klumpen gebildet hat. Den Teigkloß, der sich nun vom Topfboden lösen lassen sollte, etwa 2 Minuten lang auf dem heißen Topfboden wenden (brennen).

2 Teig in eine Rührschüssel geben. Eier einzeln zufügen und mit einem Handmixer in den Teig einarbeiten. Immer erst dann das nächste Ei nehmen, wenn das vorherige vollständig verknetet ist.

3 Backofen auf 200 °C vorheizen. Backblech mit Butter einfetten und mit Mehl bestäuben. Brandteig in einen Spritzbeutel füllen und in Form kleiner Rosetten auf das Blech spritzen. Das Backblech in den Backofen schieben und die Windbeutel 20 Minuten backen.

4 Den gebackenen Teig nun zügig weiterverarbeiten. Windbeutel aufschneiden und auf einem Kuchengitter auskühlen lassen.

5 In der Zwischenzeit für die Füllung Himbeeren pürieren. Sahne mit Vanillemark, Puderzucker und Sahnesteif zu einer festen Schlagsahne verarbeiten. Sahne mit Himbeerpüree mischen.

6 Für die Glasur Puderzucker mit Zitronensaft verrühren. Die Windbeutel mit der Creme füllen und die Glasur auf die Oberseite der Windbeutel pinseln. Die Windbeutel servieren, sobald die Glasur angetrocknet ist.

Desserts & Kuchen

Geeiste **Zwetschgencreme**

1. Für die Zwetschgenmischung Gelatine 5 Minuten in etwas kaltem Wasser einweichen und gut ausdrücken. Zwetschgen waschen, entsteinen und achteln.

2. Gelatine, Zwetschgen, Vanillemark, Schokolade und Zucker zusammen einmal aufkochen. Der Zucker und die Schokolade sollen vollständig aufgelöst sein. Abkühlen lassen, die Masse wird dabei leicht fest.

3. Für die Creme Joghurt, Crème fraîche, Zwetschgenwasser und 2 Esslöffel Zucker glatt rühren. Sahne schlagen und unter die Creme ziehen.

4. Zwetschgenmischung und Joghurtcreme abwechselnd in Gläser füllen. Für mindestens 2 Stunden tiefkühlen. Herausnehmen.

5. Restlichen Zucker mit wenig Wasser verrühren und auf die Creme verteilen. Die Oberfläche mit einem Bunsenbrenner abflämmen, bis sie goldgelb wird. Nach Wunsch mit Minzeblättern garnieren.

Für 4 Personen

Zwetschgenmischung
2 Blatt Gelatine
300 g Zwetschgen/Pflaumen
Mark von 1 Vanillestange
50 g weiße Schokolade, gebrochen
3 EL Zucker

Creme
100 g Joghurt
150 g Crème fraîche
4 EL Zwetschgenwasser
3 EL Zucker
100 g Sahne

Außerdem
Bunsenbrenner
Minzeblättchen zum Garnieren

Eiskaffee à la Henze mit Mandelsplittern

Für 4 Personen

Kaffeemischung
½ l starker kalter Kaffee
2 EL Kaffeelikör
1 EL Kakaopulver
1 EL Nussnougatcreme
2 kleine Kugeln Vanilleeis plus
4 weitere Kugeln Vanilleeis

Vanillesahne
200 g Sahne
1 Päckchen Vanillezucker
4 EL Baileys

Mandelsplitter
½ EL Butter
120 g Mandelstifte
2 EL Zucker
100 g dunkle Schokolade,
(70 % Kakao)
1 Messerspitze Cayennepfeffer
2 EL weiße Schokolade

Außerdem
1 EL lösliches Kaffeepulver zum
Bestäuben des Eiskaffees
Backpapier

1 Für die Kaffeemischung Kaffee, Likör, Kakaopulver, Nussnougatcreme und 2 kleine Kugeln Vanilleeis aufmixen.

2 Für die Vanillesahne Sahne mit Vanillezucker und Baileys halbfest schlagen.

3 Je 1 Kugel Vanilleeis in ein Longdrinkglas geben. Darauf die Kaffeecreme verteilen und Vanillesahne zufügen. Mit aufgestäubtem Kaffeepulver abschließen.

4 Für die Mandelsplitter Butter erhitzen und die Mandeln darin mit dem Zucker goldgelb karamellisieren lassen. Herausnehmen, abkühlen lassen und hacken.

5 Dunkle Schokolade in einem Wasserbad sanft schmelzen (sie sollte soeben flüssig sein) und mit Cayennepfeffer würzen. Schokolade unter die Mandelsplitter rühren und die Mischung in kleinen Häufchen auf Backpapier setzen. Weiße Schokolade ebenso sanft schmelzen (sie sollte soeben flüssig sein) und mit einer Papiertülle dekorativ auf die Mandelhäufchen spritzen. Auskühlen lassen. Mandelsplitter zum Eiskaffee reichen.

Mein Tipp Keine Angst vor Cayennepfeffer! Schokolade in Verbindung mit Chili – Cayennepfeffer besteht ausschließlich aus fein gemahlenen Chilischoten, deshalb bitte keine Chili-Würzmischung nehmen! – ist keine Erfindung von mir. Schon die alten Maya und später auch die Azteken schätzten die anregende Wirkung von Kakao zusammen mit Schärfe.

Desserts & Kuchen

Karamellisierter **Apfelkuchen** mit Rosmarin und Vanillesahne

1. Für den Teig Mehl auf die Arbeitsfläche sieben. Mit Butter, Eigelb, 50 Millilitern Wasser, Vanillemark und Salz vermengen und glatt verkneten. Zugedeckt 2 Stunden im Kühlschrank ruhen lassen.

2. Für den Belag Zucker schmelzen und einmal goldgelb aufschäumen lassen. In eine Kuchenform füllen und erkalten lassen.

3. Butter auf den erkalteten Karamell in der Form streichen. Rosmarinnadeln abstreifen, fein hacken und auf die Butter streuen. Backofen auf 180 °C vorheizen.

4. Äpfel schälen, vierteln und Kerngehäuse entfernen. Die Viertel lamellenartig einschneiden. Apfelviertel mit eingeschnittener Seite nach unten kranzförmig auf die Butter setzen. Die Form in den Backofen stellen und die Äpfel etwa 20 Minuten vorbacken. Form aus dem Backofen nehmen und abkühlen lassen.

5. Teig etwa ½ Zentimeter dick in der Größe der Form ausrollen. Teigplatte auf die Äpfel platzieren. Weitere 20 Minuten backen. Etwas abkühlen lassen und stürzen.

6. Zum Garnieren Sahne mit Zucker und Vanillemark steif schlagen. Auf jedes Kuchenstück einen dicken Klacks Vanillesahne setzen.

Mein Tipp Den perfekten Apfelkuchen nach dieser Zubereitungsart habe ich oft in Zürich bei Agnes Amberg, meiner damaligen Chefin, probiert. Ich bin ihr noch heute dankbar für diesen unvergleichlichen Genuss.

Für 6–8 Personen

Teig
200 g Mehl
100 g Butter
1 Eigelb
Mark von 1 Vanilleschote
1 Prise Meersalz

Belag
200 g Zucker
100 g Butter
1 Zweig Rosmarin
7 Äpfel (z.B. Boskop)

Vanillesahne
200 g Sahne
2 EL Zucker
Mark von 1 Vanilleschote

Außerdem
1 Kuchenform (30 bis 32 cm Durchmesser)

Knuspriger Frischkäsekuchen mit Brombeeren

Für 6–8 Personen

Boden
110 g Butter
180 g knusprige Kekse
1 Messerspitze Zimtpulver
1 Messerspitze gemahlener Piment
1 Messerspitze Lebkuchengewürz
110 g Zucker

Käsebelag
400 g Frischkäse
Mark von 1 Vanilleschote
3 Eier, 100 g Zucker
4 EL Brombeergelee

Streusel
150 g Butter
150 g Zucker
150 g Mehl
50 g geriebene Mandeln
Mark von 1 Vanilleschote

Außerdem
1 Springform (26 cm Durchmesser)
Brombeeren, Minzeblättchen und Puderzucker zum Garnieren

1 Für den Boden Butter schmelzen und etwas abkühlen lassen. Kekse in einen Plastikbeutel geben, diesen verschließen und die Kekse mit einem Nudelholz klein zerbröseln.

2 Keksbrösel, Gewürze und Zucker mit der nicht zu heißen Butter vermengen. In eine Springform drücken und erkalten lassen. Backofen auf 170 °C vorheizen.

3 Für den Käsebelag Frischkäse, Vanillemark, Eier und Zucker vermengen. Creme auf dem Teig verstreichen. Brombeergelee erwärmen und gleichmäßig auf die Käsemasse träufeln.

4 Für die Streusel alle Zutaten zu Bröseln verkneten und auf den Kuchen streuen. Sie werden beim Backen etwas einsinken.

5 Kuchen etwa 50 Minuten im Backofen backen. In der Form leicht abkühlen lassen und herausheben. Mit Brombeeren und Minzeblättchen anrichten und mit einem Hauch von Puderzucker bestreuen.

Mein Tipp Diesen wirklich leckeren Frischkäsekuchen kann man auch mit anderen Früchten, zum Beispiel Erdbeeren, Himbeeren oder Heidelbeeren, zubereiten. Auch Ananas, Aprikosen oder Kirschen eignen sich für dieses Rezept, sofern das Gelee für die Füllung aus derselben Frucht besteht. Frische Beeren sollten beim Einkauf prall und unverletzt sein und möglichst bald verarbeitet werden. Im Kühlschrank halten sie sich 1 bis 2 Tage. Wer tiefgekühlte Früchte verwendet, sollte sie zuvor in einem Sieb auftauen, damit sie nicht zu feucht sind.

Desserts & Kuchen

Reichhaltiger Schokoladenkuchen mit Rotweinsahne

Für 6–8 Personen

Teig
6 Eier
180 g dunkle Schokolade
180 g Butter
170 g Zucker
180 g gemahlene Mandeln
1 Messerspitze Zimtpulver
Mark von 1 Vanilleschote
2 EL dunkler Rum
1 Prise Salz

Rotweinsahne
300 ml Rotwein
1 EL Zucker
Mark von 1 Vanilleschote
300 g Sahne

Außerdem
Kuchenform (siehe Tipp)
Butter und Mehl für die Form

1. Backofen auf 180 °C vorheizen. Kuchenform mit Butter einfetten und mit Mehl auskleiden. Für den Teig Eier trennen. Schokolade hacken, in eine (Metall-)Schüssel geben, diese in heißes Wasser setzen und die Schokolade unter Rühren schmelzen. Abkühlen lassen.

2. Butter und Zucker schaumig schlagen. Nach und nach Eigelbe zufügen und verrühren. Schokolade in dünnem Strahl einrühren. Mandeln, Zimtpulver, Vanillemark und Rum unter den Teig heben.

3. Eiweiße mit 1 Prise Salz steif schlagen und unter die Schokoladenmasse heben. Teig in die Kuchenform geben und glatt streichen. Kuchen 30 Minuten im Backofen backen.

4. Kuchen herausnehmen und nicht ganz auskühlen lassen. In Klarsichtfolie wickeln. 24 Stunden im Gefrierschrank tiefkühlen.

5. Am nächsten Tag Wein, Zucker und Vanillemark aufkochen und so lange einkochen, bis nur noch 3 Esslöffel übrig sind. Abkühlen lassen. Sahne schlagen und mit dem Rotweinkonzentrat mischen.

6. Schokoladenkuchen auftauen und in Portionsstücke schneiden. Auf Teller geben. Jeweils einen Klecks Rotweinsahne dazu geben.

Mein Tipp Die Kuchenform sollte so gewählt sein, dass sich der Teig 4 Zentimeter hoch einfüllen lässt. Der Kuchen wird ganz besonders saftig, wenn der Teig nicht hundertprozentig durchgegart wird und noch lauwarm ist, wenn man ihn in Folie wickelt und in den Tiefkühler legt.

Desserts & Kuchen

Desserts & Kuchen

Warme **Kirschtarte** mit Marzipan

1. Blätterteig auftauen und mit einem Nudelholz dünn ausrollen. Die Form damit auslegen. Mit einer Gabel mehrfach einstechen.

2. Für die Marzipancreme Marzipan, Butter, Eiweiß, Kirschlikör und Mandeln gut verrühren. Creme auf den Teig streichen. Backofen auf 180 °C vorheizen.

3. Für den Belag Kirschen waschen, halbieren und entsteinen. Teig mit Kirschen belegen und Puderzucker aufstreuen. Kirschtarte 20 bis 30 Minuten im Backofen backen. Wenn der Blätterteig am Rand Farbe annimmt, ist die Tarte fertig.

4. Für die Mohnsahne alle Zutaten in einer Schüssel vermengen und mit einem Handrührgerät schlagen, bis die Sahne steif ist.

5. Tarte aus dem Backofen nehmen, etwas abkühlen lassen und mit Puderzucker bestäuben. Portionsstücke auf Tellern anrichten und auf jedes Stück einen Klecks Mohnsahne setzen. Lauwarm servieren.

Mein Tipp Für dieses wie für alle anderen Rezepte, in denen Vanillemark benötigt wird, gilt: Die ausgeschabte Vanilleschote nicht wegwerfen, sondern für andere süße oder herzhafte Gerichte zum Aromatisieren benutzen. Man muss sie nur am Ende der Zubereitung wieder entfernen. Man kann die Schoten auch mit Zucker im Küchenmixer zu Vanillezucker verarbeiten oder in ein Glas Zucker stecken und dieses gut mit seinem Deckel verschließen. Mit der Zeit nimmt der Zucker dann ein zartes Vanillearoma an.

Für 6–8 Personen
150 g Blätterteig

Marzipancreme
80 g Marzipanrohmasse
1 EL zimmerwarme Butter
1 Eiweiß
3 EL Kirschlikör
2 EL gemahlene Mandeln

Belag
300 g frische Kirschen (ersatzweise aus dem Glas)
1 EL Puderzucker

Mohnsahne
300 g Sahne
2 EL Puderzucker
Mark von 1 Vanilleschote
1 EL Mohn, gequetscht

Außerdem
1 Tarteform (ca. 28 cm Durchmesser)
Puderzucker zum Bestäuben

Desserts & Kuchen

Lauwarmer **Apfelkuchen** in Schälchen

Für 4–6 Personen

120 g Dinkelmehl
120 g Zucker
80 g Butter
2–3 Äpfel (Boskop)
Mark von 1 Vanilleschote
2 Messerspitzen Zimtpulver
4 EL Apfelmus (Glas)
250 g Vanilleeis (beste Qualität)

Außerdem

4 Portionsschälchen

1 Für die Streusel Dinkelmehl, 100 Gramm Zucker und Butter mit der Hand verkneten. Backofen auf 200 °C vorheizen.

2 Äpfel schälen, teilen und die Kerngehäuse entfernen. Fruchtfleisch in 1 ½ Zentimeter große Würfel schneiden.

3 Apfelstücke mit Vanillemark, dem restlichen Zucker, Zimtpulver und Apfelmus vermischen. In Portionsschälchen verteilen und mit den Streuseln bedecken.

4 Im Backofen 15 Minuten backen. Herausnehmen und lauwarm abkühlen lassen. Vanilleeis in Kugeln darauf setzen.

Mein Tipp Dinkel ist ein zeitweilig etwas in Vergessenheit geratener enger Verwandter des Weizens, doch als regionale Getreidesorte gewinnt er jetzt wieder an Bedeutung. Er wird vor allem in Baden-Württemberg angebaut und heißt deshalb traditionell auch »Schwabenkorn«. Man darf Teige mit Dinkel nicht zu viel kneten, weil sonst die Geschmeidigkeit und Dehnbarkeit leiden können. Mein lauwarmer Apfelkuchen ist das ideale Dessert für alle, die nicht viel Zeit für die Zubereitung haben, aber etwas besonders Gutes anbieten möchten. Ich finde, es ist das beste Prinzessinnendessert der Welt!

Cremige **Schokoladentarte**, geflämmt

1 Mehl, Butter, Zucker und Eigelb zu einem glatten Teig verarbeiten und ausrollen. Teig auf 4 Portionsförmchen verteilen. Backofen auf 180 °C vorheizen.

2 Zum Blindbacken je ein Stück Backpapier auf den Teig legen. Erbsen zum Beschweren darauf verteilen. Die Förmchen für 10 Minuten in den Backofen stellen, wieder herausnehmen, Erbsen und Backpapier entfernen. Backofentemperatur auf 140 °C einstellen.

3 Für den Belag Schokolade über einem Wasserbad schmelzen. Dafür die Schokolade hacken, in eine (Metall-)Schüssel geben, diese in heißes Wasser setzen und die Schokolade unter gelegentlichem Rühren schmelzen. Etwas abkühlen lassen.

4 Sahne steif schlagen. Eigelbe mit Zucker schaumig schlagen und das Vanillemark zufügen. Flüssige Schokolade einrühren. Geschlagene Sahne unterheben.

5 Die Creme auf die Förmchen verteilen. Tartes 1 Stunde im Backofen backen.

6 Tartes aus dem Backofen nehmen. Mit Puderzucker bestreuen und die Oberfläche mit einem Bunsenbrenner abflämmen, bis sie verschmilzt und goldgelb wird.

Mein Tipp Durch das Blindbacken gibt man dem Teig die Chance, etwas vorzubacken, bevor die Füllung dazukommt.

Für 4 Personen

Teig
200 g Mehl
100 g Butter
60 g Zucker
1 Eigelb

Belag
80 g Vollmilchschokolade
200 g Sahne
5 Eigelb
50 g Zucker
Mark von 1 Vanillestange
2 EL Puderzucker

Außerdem
4 Portionsförmchen
ca. 300 g getrocknete Erbsen sowie Backpapier zum Blindbacken
Bunsenbrenner/Lötlampe

Meine **Dampfnudeln** mit Vanillesauce

Für 4 Personen

Teig
30 g frische Hefe
2 EL Zucker
⅛ l lauwarme Milch
300 g Mehl
50 g Butter
1 Ei
Salz
abgeriebene Schale von
½ unbehandelten Zitrone

Vanillesauce
175 ml Milch
200 g Sahne
3 Eigelb
2 EL Zucker
1 Päckchen Vanillezucker
Mark von 1 Vanilleschote
1 EL Kartoffelstärke

Außerdem
1 EL Butterschmalz
1 EL Butter
Salz
Mehl zum Arbeiten
1 sauberes Küchentuch

1. Für den Teig Hefe zerkrümeln und mit 1 Teelöffel Zucker und 4 Esslöffeln Milch glatt verrühren. Mehl in eine Schüssel sieben und in der Mitte eine Vertiefung bilden. Hefemischung zufügen und mit etwas Mehl vom Muldenrand leicht vermengen. Mit einem Tuch abdecken und den Vorteig an einem warmen Ort 20 Minuten gehen lassen.

2. Butter schmelzen, sie sollte lauwarm sein. Zusammen mit restlicher Milch, restlichem Zucker, Ei, etwas Salz und Zitronenschale mit dem Hefevorteig kräftig verkneten. Eigroße Kugeln formen. Abgedeckt nochmals 15 Minuten gehen lassen.

3. Butterschmalz, Butter, 1 gute Prise Salz und Wasser (etwa 1 Zentimeter hoch) in einer schweren, möglichst hochwandigen Bratpfanne erhitzen.

4. Hefekugeln auf einer bemehlten Arbeitsfläche nochmals rund drehen. Mit etwas Abstand zueinander in die Bratpfanne setzen. Zwischen Deckel und Bräter ein Küchentuch spannen.

5. Dampfnudeln etwa 30 Minuten sanft garen. Deckel erst öffnen, wenn ein Bratgeräusch zu hören ist. Die Dampfnudeln sind fertig, wenn sie schön aufgegangen und unten knusprig geworden sind.

6. Für die Vanillesauce Milch und Sahne aufkochen. Die restlichen Zutaten einrühren, bis eine gebundene Sauce entstanden ist. Etwas abkühlen lassen und zu den Dampfnudeln servieren.

Desserts & Kuchen

125

Rezeptregister

Apfelkuchen in Schälchen, lauwarmer 122

Apfelkuchen mit Rosmarin und Vanillesahne, karamellisierter 115

Backhähnchenbrust mit meiner Remoulade 15

Bauernfrühstück mit Teltower Rübchen 79

Bayrisch Creme mit Beerenragout, Henzes 106

Christians Kürbissuppe mit Maronen und Aprikosen 45

Crème Caramel aus Aprikose und Banane, meine 104

Cremige Räucherforellensuppe mit Meerrettich 50

Cremige Schokoladentarte, geflämmt 123

Dampfnudeln mit Vanillesauce, meine 124

Dicke Bohnen mit Speck 37

Die besten gefüllten Paprikaschoten 61

Einmachfleisch nach einem Rezept meiner Oma 73

Eiskaffee à la Henze mit Mandelsplittern 114

Feine Hühnersuppe mit Dill und Sauerrahm 46

Feine Sauerampfersuppe mit Crème fraîche und Lachs 41

Feines Rahmgulasch mit Pfifferlingen 58

Feldsalat mit Speckdressing und Möhrenküchlein 30

Fischpflanzerl mit Senf und Rauke 29

Flammkuchen mit Speck, hauchdünner 19

Frankfurter grüne Sauce mit Gewürzkartoffeln 84

Frischkäsekuchen mit Brombeeren, knuspriger 116

Gebratene Scholle mit Speck und Schmorgurken 97

Geeiste Zwetschgencreme 113

Gegrilltes Zanderfilet mit Rahmsauerkraut 98

Geschmorte Kaninchenkeulen mit Perlzwiebelpüree 62

Glasierte Lammkeule mit Apfel-Minz-Sauce 76

Gratinierter Spargel mit Butterbröseln 92

Graubrotecken mit Speck und Käse überbacken 22

Gulaschsuppe mit Kalbfleisch und Sauerrahm 51

Harzer Käse auf geröstetem Bauernbrot, lauwarmer 85

Hauchdünner Flammkuchen mit Speck 19

Hechtfilet in Kapern-Senf-Butter mit Kartoffel-Speck-Püree 94

Henzes Bayrisch Creme mit Beerenragout 106

Himmel und Erde von der Kalbsleber 72

Hirschbraten in Preiselbeersauce mit glasierten Maronen 66

Hühnersuppe mit Dill und Sauerrahm, feine 46

Kabeljau mit Dill-Senf-Sauce und Kartoffel-Gurken-Salat 93

Kalbfleischpflanzerl mit Kartoffel-Gurken-Salat 80

Kalbsbacken mit Kartoffel-Aprikosen-Gratin, sanft geschmorte 68

Kalbskotelett »400 g« mit Rotweinschalotten 70

Kalbsleber, Himmel und Erde von der 72

Kaninchenkeulen mit Perlzwiebelpüree, geschmorte 62

Karamellisierter Apfelkuchen mit Rosmarin und Vanillesahne 115

Karamellisierter Topfenschmarrn mit Eierlikör 109

Kartoffelkäse mit Schnittlauch und Tomaten 26

Kartoffelpuffer mit frischem Apfel-Gewürz-Mus, knusprige 89

Kartoffelsuppe mit Bergkäse und Steinpilzen, schaumige 36

Kässpatzen mit geschmolzenen Zwiebeln und Endiviensalat 86

Kirmesbraten mit Thüringer Klößen, saftiger 65

Kirschtarte mit Marzipan, warme 121

Knusprige Kartoffelpuffer mit frischem Apfel-Gewürz-Mus 89

Knuspriger Frischkäsekuchen mit Brombeeren 116

Knuspriger Schweinebauch mit Kerbelknollenpüree 81

Kohlrouladen mit Topinamburpüree 54

Kräftige Rinderbrühe mit Brätknödel 42

Kürbissuppe mit Maronen und Aprikosen, Christians 45

Lachsfilet mit Honig und Raukespinat, sanft gegartes 101

Landhähnchenbrust mit süß-saurem Gemüse 57

»Landhaus«-Zwiebelkuchen mit Feldsalat 90

Lammkeule mit Apfel-Minz-Sauce, glasierte 76

Lauwarmer Apfelkuchen in Schälchen 122

Lauwarmer Harzer Käse auf geröstetem Bauernbrot 85

Lauwarmer Pilz-Bohnen-Salat mit Bärlauchmousse 33

Linseneintopf mit geräucherter Bratwurst, süß-saurer 44

Marinierte Tafelspitzsülze mit altem Bergkäse 16

Matjesfilet Hausfrauenart mit Bratkartoffeln 100

Meine Crème Caramel aus Aprikose und Banane 104

Meine Dampfnudeln mit Vanillesauce 124

Meine Spargelcremesuppe mit Brotchips 38

Mini-Knödel mit cremigen Pilzen 25

Paprikaschoten, die besten gefüllten 61

Pilz-Bohnen-Salat mit Bärlauchmousse, lauwarmer 33

Rahmgulasch mit Pfifferlingen, feines 58

Räucherforellensuppe mit Meerrettich, cremige 50

Rehfilet mit Maronen und Preiselbeerdip 20

Reichhaltiger Schokoladenkuchen mit Rotweinsahne 118

Rinderbrühe mit Brätknödel, kräftige 42

Rote-Bete-Taler mit Matjessalat 14

Saftiger Kirmesbraten mit Thüringer Klößen 65

Sanft gegartes Lachsfilet mit Honig und Raukespinat 101

Sanft geschmorte Kalbsbacken mit Kartoffel-Aprikosen-Gratin 68

Sauerampfersuppe mit Crème fraîche und Lachs, feine 41

Sauerbraten vom Kalbstafelspitz mit Meerrettichwirsing 75

Saure Zipfel im Essig-Gewürz-Sud 23

Schaumige Kartoffelsuppe mit Bergkäse und Steinpilzen 36

Schaumsuppe vom schwarzen Rettich 49

Schnelle Schokoladenmousse mit Knuspersesam 105

Schokoladenkuchen mit Rotweinsahne, reichhaltiger 118

Schokoladenmousse mit Knuspersesam, schnelle 105

Schokoladentarte, geflämmt, cremige 123

Scholle mit Speck und Schmorgurken, gebratene 97

Schweinebauch mit Kerbelknollenpüree, knuspriger 81

Spargel mit Butterbröseln, gratinierter 92

Spargelcremesuppe mit Brotchips, meine 38

Süß-saurer Linseneintopf mit geräucherter Bratwurst 44

Tafelspitzsülze mit altem Bergkäse, marinierte 16

Topfenschmarrn mit Eierlikör, karamellisierter 109

Warme Kirschtarte mit Marzipan 121

Windbeutel mit Himbeersahne 110

Zanderfilet mit Rahmsauerkraut, gegrilltes 98

Zwetschgencreme, geeiste 113

Zwiebelkuchen mit Feldsalat, »Landhaus«- 90

Über dieses Buch

Impressum

© 2011 by Südwest Verlag, einem Unternehmen der Verlagsgruppe Random House GmbH, 81637 München. Die Verwertung der Texte und Bilder, auch auszugsweise, ist ohne Zustimmung des Verlags urheberrechtswidrig und strafbar. Dies gilt auch für Vervielfältigungen, Übersetzungen, Mikroverfilmung und für die Verarbeitung mit elektronischen Systemen.
© – 2011 – Mitteldeutscher Rundfunk (MDR), Lizenz durch TELEPOOL GmbH – Alle Rechte vorbehalten.

Hinweis

Die Ratschläge/Informationen in diesem Buch sind von Autoren und Verlag sorgfältig erwogen und geprüft. Dennoch kann eine Garantie nicht übernommen werden. Eine Haftung der Autoren bzw. des Verlags und seiner Beauftragten für Personen-, Sach- und Vermögensschäden ist ausgeschlossen.

Bildnachweis

Fotografie Klaus-Maria Einwanger
Foodstyling Monika Schuster und Anka Köhler
Propstyling Alexandra Holzer
Fotoassistenz Franka Meinke

Seite 2: Sascha Erdmann/AEON - www.aeon-photo.com
Seite 10: MDR/Marco Prosch

Firma Christian Henze
Kochschule – Restaurant – Catering
Edisonstr. 4, 87437 Kempten
Tel. 0831/9606200
www.christianhenze.de
Besuchen Sie mich auf Facebook!
Jetzt auch die kostenlose Henze-APP!

Redaktionsleitung Susanne Kirstein
Projektleitung Eva Wagner
Layout, DTP, Gesamtproducing
v*büro – Jan-Dirk Hansen, München
Textliche Mitarbeit Martin Lagoda
Redaktion Dr. Ute Paul-Prößler
Bildredaktion/Leitung der Fotoproduktion
Sabine Kestler
Korrektorat Susanne Langer
Umschlaggestaltung
v*büro – Jan-Dirk Hansen, München
Litho Artilitho snc, Lavis (Trento)
Druck und Verarbeitung
Mohn media Mohndruck GmbH, Gütersloh

Printed in Germany

Verlagsgruppe Random House FSC-DEU-100

Das für dieses Buch verwendete FSC©-zertifizierte Papier *Core silk* wurde produziert von Condat Perigord.
ISBN 978-3-517-08708-5
817 2635 4453 6271